はじめに

この本は、『週刊実話』連載の「ブラック[illegible]8年1月～2019年1月）に加筆、訂正を加えて再編集したものである。その[illegible]」は、日々起こるカネにまつわる事件を追いかけ、記事にしたものだ。筆者にとって週刊誌の通年連載は初めてのことで、いわゆるネタ切れを心配したが、あたり前のことだが、世の中事件だらけで、取材を終えてからしばらく期間をおいてようやく記事にできる順番が来るという状態だった。

政・官・財から宗教団体まで可能な限り幅広く取材したが、共通するのは為政者が責任を取らない「底抜けしたニッポン」と詐欺社会の横行である。森友学園問題をはじめ、肥大化する一方の東京五輪予算と便乗した東京大開発計画の進行、過去の失敗を反省することなく、これまた巨額の公金を投じる無責任な大阪湾岸の大阪万博・カジノ誘致や日本アルプスを崩壊させるリニア中央新幹線など、最後は必ずツケが国民負担というかたちで回ってくるのに、とにかく「今がよけりゃ良い」という「自己保身」と「カネ」にしがみつくのが現代ニッポンの為政者たちである。

「日本の台所」築地市場は廃止され、小池百合子都知事は「築地は守る」との公約を投げ捨て、

国際会議場・ホテルなど「MICE（マイス）」機能を持った跡地開発を打ち上げた。都民からは、「カジノ」を持ち込むのではないかと不信の声もあがっている。

「なぜ、そんな話に引っかかるのかわからない」——大手企業トップの「M資金詐欺」や大手企業が騙（だま）された「地面師事件」など、昔から存在する典型的な詐欺事件である。いまだに跋扈（ばっこ）しているのが不思議だが、騙されるのが日本を代表する経営者であったり、企業であったりすることには驚かされる。こうした事件を通して、格差社会で「富」を得たごく一部の「富裕層」もまた、簡単に「カネ」に騙されて地獄に落ちるものだということを思い知らされた。

一方、いわゆる「ヤミ金融」は表向き姿を消したが、大手金融機関の「カードローン」というもう一つの高金利融資が幅を利かせ、自己破産者を増大させている。裏の「ヤミ金融」は、年金生活者が年金生活者を貪るという弱者が弱者を食う、究極の貧困社会の出現という形で続いている。

税金を優遇される宗教団体も相変わらず、事件師たちの詐欺の舞台になっている。アメリカンフットボール部部員の危険タックル問題で世間を騒がせた日大が、そのトップである理事長の責任が一切問われなかったことは、いまだに不思議である。「不起訴」とした警視庁の捜査も、監督・コーチの指示があったとする第三者委員会の調査報告と大いに食い違い、これまた国民にとって解せぬ話である。医学部試験で差別・不正行為が慣行になっていたことも明るみに出たが、宗教法人・学校法人の闇（やみ）も深い。迷宮入りがささやかれる「餃子の王将」前社長の射殺事件についても、可能な限り調査し、報道した。

最後に「ブラックマネー」の連載の機会を与えてくださった『週刊実話』編集部と書籍化していただいた「さくら舎」代表の古屋信吾氏に感謝を申し上げたい。

２０１９年３月

一ノ宮美成（いちのみやよしなり）

【目次】黒いカネを貪る面々

はじめに　1

第1章　騙し騙されの詐欺と密輸

六本木「湖雲寺」地上げ騒動の実際

繰り返される土地転売に透ける〝モンモン（入れ墨）〟　22

関西系業者が入り乱れ骨までしゃぶる　24

大阪・ミナミ「精華小跡地」地上げの場外乱闘

「バブル以来最大」超一等地の紆余曲折　26

なにわの金の亡者たちの右往左往　28

続発する福岡金塊事件の闇
博多駅前金塊強奪事件の現場を行く　31
事件は漏れた情報に複数のグループが関与した？　33
福岡空港事件の背景にある金密輸
香港―韓国・仁川―博多　〝金塊ビジネストライアングル〟　35
押収された犯人の赤裸々な携帯記録　37
福岡空港事件は国をまたいだ金塊密輸の一端だった　39
金塊密輸の舞台はインドへ　41
佐川印刷グループ90億円不正流用事件の不可思議
疑問が残る事件化の経緯　43
元横綱朝青龍らへの貸付もあったのはなぜか　45
自己破産急増の裏に銀行カードローンの甘い罠
倍増している銀行カードローンの貸付残高　47

美人銀行員が囁く「悪魔の勧誘」 48

スルガ銀行の罪業「かぼちゃの馬車」

運営会社破たんで分かった取引スキームのカラクリ 51
何かがある？ 金融庁長官が「スルガ推奨」 54

高齢者が被害ターゲットの地場ヤミ金融

「顔の見える」ヤミ金の新登場 55
増え続けている素人ヤミ金業者 57

積水ハウス「地面師事件」の複雑怪奇

背景にはアベノミクスによる異次元緩和のカネ余り 59
意図的に流された売却情報が核 61
〝内部に「手引き者」の存在〟の噂 63
大手すらも騙す〝地面師村〟ネットワークの闇 66

仲介K社発のアパグループ地面師事件

訴訟記録に見る詐欺遭遇の経緯　68
精巧な偽造物はアパ側も見破れなかった　70

第2章　政・官・財を繋ぐブラックマネー

連綿と続く「M資金詐欺」
GHQマッカート少将に始まる「M資金」話　74
M資金ブローカーは「3グループ」300~500人　76
大林組、徳島銀行……経営者はなぜ騙されるのか　78
「億」円台から「兆」や「京」へと桁が膨張　80
スパコン助成金6億円超の詐取の裏ルート
「麻生大臣へのトライアングル」に真相!?　82
忖度から助成金総額は87億円超に　84

菅官房長官補佐官の不可解退任の裏側

福田〝補佐官〟退任をめぐる「怪文書」 87
突然の退任は安倍政権のレームダック化から 89

森友学園文書改ざん問題の実相

安倍昭恵「総理夫人」に関わる〝事実〟の削除・隠ぺい 91
大阪地検は〝忖度〟捜査で不起訴 93
野党質問の「甘さ」とズレが真相究明を遠ざけた 95
「4月末に佐川氏事情聴取」で終わり!? 97

仮想通貨の闇を垣間見せたコインチェック事件

約580億円分の仮想通貨「NEM」の流出 99
仮想通貨を支援する政治家の存在 101
NEMを不正に流出させたハッカーの追跡は不可能!? 103
「天下り」という金融庁〝大甘処分〟の理由 105

大阪・羽曳野市政を牛耳った〝ミニ浅田〟の錬金術
長年の付け届けによる「羽曳野市役所の実態」 107
市職員の情実採用という〝黒い噂〟 109
マルチ商法「ジャパンライフ」の暗黒史
ジャパンライフ事業を〝教訓〟にした「ＷＩＬＬ」 111
「連鎖販売取引」の記載なく営業 113
破産決定時の負債総額２４０億円、債権者７０００人超 115
長期の被害救済放置の政官＋マスコミ工作 117

第3章 「王将」社長殺人事件の裏

京都府警が事情聴取した〝重要参考人〟
現在も実施されている91人の捜査体制 120

事件発生の詳細とこれまでの捜査経緯　121
囁かれ始めた「犯人捏造説」の真偽　123
〝事件のキーマン〟X氏に突撃取材　125

「昭和の歌姫」美空ひばりとの接点

密接な関係が裏付けられたX氏とひばり　127
ひばり所有のビルは7倍に高騰していた　129
「最後の後見人」X氏とひばりとの関係を探る　131

〝社内黒い報告書〟作成の1カ月後に起きた惨劇

260億円流出で170億円未回収　135
「王将労組」潰しほかX氏が加藤朝雄創業社長に果たした役割　137
非公開にされた『25年報告書』の功罪　139

5年経過した王将事件の今——2人の重要参考人

ますます遠ざかる犯人逮捕という現状　142
ヒットマンは「台湾マフィア」説も　144

創業社長の次男とＸ氏の不審関係の顚末 146
２人のキーマンに接点が…… 148

第４章 財団・宗派・学校法人の仮面

漢検協会に潜む暗闇

条件の似た「京都文化協会」との大きな格差 152
漢検協会で起こっていたドロドロ内紛劇 154
「暴力団密接交際者」と認定されたＡ氏の怪 156
漢検と京都市の癒着にも介在するＡ氏 157

漢検協会「５０００万円不当要求事件」

〝別件の和解〟として５０００万円を要求された元漢検副理事長 160
元副理事長を恫喝したＡ氏の本性 161
Ａ氏の言動はヤクザの脅し手口そっくり 164

〝和解謝礼〟要求の一部始終とその結末　165

漢検協会「京都・時代祭館十二十二」出資の謎

時代祭館十二十二の建設に向けた「応天門プロジェクト」　168
「信用ゼロの商取引」を横行させるA氏　170

天に唾する宗教法人ヤミ金事件

宗教を隠れ蓑にした特異なヤミ金商法　172
「反核平和」を掲げカネ集めのヤミ金融　174

西本願寺「三夜荘」跡地〝詐欺騒動〟

寺側に全く関知させない中での暗躍　177
病院乗っ取りのドンの久々の復活登場　178

日本三大禅宗「黄檗宗」を舞台にした詐欺事件

黄檗宗・安城寺住職とともにＰＬ教団２代教祖の血縁!?　181
金銭貸借の場にＰＬ教団本部を使う　183

日大・田中理事長人脈と金脈
アメフト部問題を発端に暴かれる理事長の裏人脈 185
許永中との「ズブズブ関係」もはっきりした 187
日大・危機管理学部の逆アピールとなったアメフト部問題の対応 189
日大問題は日本の国家権力の中枢と繋がっている 192

第5章 東京に巣くう利権の蠢き

東京都が五輪選手村9割値引き売却の怪
都から天下り デベロッパー11社との官製談合疑惑 196
東京都が3役の「1人芝居」を行っている 198
神宮外苑再開発利権での醜聞
まるで黒魔術の日本体育協会・新会館の不可解移転 200

再開発に大物政治家への忖度があった!! 202
「取扱注意」の印のある記録文書の実在 204
五輪招致失敗でも再開発は進行する 205
外苑整備が密室政治下で決定していた事実 208
謎だらけの東京五輪の舞台裏を明かす 209

豊洲新市場10・11開場で覆われた黒い霧

何ら担保されていない土壌汚染対策の「安全・安心」 212
「豊洲ぐるり公園」など土壌汚染に関わる情報隠し 214
都とゼネコンが癒着してのお手盛り汚染対策 216
「築地は守る、豊洲は生かす」は築地改修案にぎり潰しの結果 218
〝石原都政〟下の豊洲移転問題そもそもの始まり 220
「百条委員会での偽証」告発は不起訴に 222

水産「取扱量」激減の豊洲市場開場2カ月

トラブル続発の「豊洲市場の今」 224
根本問題に浮上した台風時以下となっている取扱量 226

第6章　談合・ＩＲ・カジノ・万博の闇

リニア中央新幹線「談合事件」舞台裏

東京地検特捜部〝アメとムチ〟対応に揺れるゼネコン４社　230

談合認識のない大成建設主導の「３社会合」　232

リニアと同構図の「東京外環道」ゼネコン４社

凍結されていた１９６６年都市計画を解除　234

無理が通れば道理が引っ込み、心配される地下水脈の汚染　236

東京五輪で復活したゾンビ・道路整備計画

戦後復興プランを「特定整備路線」で今に　238

データ無視で役に立たない整備道路の延焼遮断効果　240

利権の果てに水没する関西空港

数次の浸水に見舞われている関西空港の現況 242
すでに平均沈下量を「超過」、まさに〝沈む空港〟 244
止まらない関西空港島の地盤沈下原因 246
将来的には〝海底空港〟の不気味な予感 248
関西空港の成り立ち・経緯からの複雑な権利関係 250
関空開港以来「最大の危機」を迎えている！ 252

前のめりの大阪カジノ誘致の思惑

大甘の「規制」はじめ種々の懸念下に成立急ぎ強行採決 254
「大阪カジノ」に1兆円投資を表明する海外カジノ大手6社 256

「危険な〝夢洲〟」で大阪万博、IR・カジノ

災害復旧より万博などが優先の動向 258
南海トラフ大地震で液状化の夢洲の不安 260
なぜ大阪府知事・市長、関西財界は万博誘致に執心か 262

南海トラフで大阪湾沿岸に甚大被害が……　264
肝心の大阪経済に寄与しないＩＲ・カジノ、万博　266
失敗続きだった大阪湾開発の黒歴史　268

初出誌◉『週刊実話』連載「ブラックマネー」（二〇一八年一月～二〇一九年一月）を加筆、再構成、再編集しています

黒いカネを貪（むさぼ）る面々

――平成闇の事件史

第1章

騙し騙されの詐欺と密輸

六本木「湖雲寺」地上げ騒動の実際

繰り返される土地転売に透ける〝モンモン（入れ墨）〟

「私の脇が甘かったんですよ。あの土地を狙って、みんなあの手この手で私に接近してきた。私もお寺の収入を増やそうと、調子に乗って持ち込まれるいろんな話に乗って、結果的には騙されて無一文になってしまったんですよ。ただ、週刊誌にあることないことデタラメなことを書かれたので、その週刊誌に2時間ほど抗議電話をしました」

2017年11月下旬、神奈川県内にある寺で「いまは雇われ坊さんとして働いている」と、自責の念を込めて事の経緯を語るのは、2016年2月、〈資産100億円から所持金4万円になった金髪住職の後悔〉との見出しで某週刊誌に報じられた東京都港区六本木の曹洞宗の古刹『湖雲寺』の元住職T氏だ。

1600年代に起源を持つとされる『湖雲寺』は、六本木四丁目に広い土地を所有する地主だった。東京オリンピック（1964年）による道路拡張の際には土地を提供したという。そして、残ったのが約１２００坪の土地。商業ビルやマンションが建ち、コインパーキングもあったが、土地登記簿謄本によると、２００６年４月に京都市内の不動産会社が地上権設定請求権仮登記をした頃から、土地の転売が繰り返されていく。

最終的には、香港の高級ホテル『ランガム』ができることになった。筆者が現地を訪ねた２０１７年11月は、文化財調査の最中だった。

外資系デベロッパーの発表によると、土地は約２２２億円で買収。ホテルは30階建て、建設費は約５００億円。１室平均50平方メートルの客室を約２７０室設置するという。ネットなどでは、同土地に十数基の墓が残されているとして、写真付きで紹介されていたが、筆者が訪ねた時はもうなくなっていた。

工事関係者に聞くと、「お墓は撤去しました」と言う。工事現場を取り囲むトタン塀越しに見ると、遺体を納める甕（かめ）と蓋（ふた）に使った石板が相当数積み重ねられていた。それこそ、この場所がかつて寺だった痕跡で、２０２０年の東京五輪前には豪華ホテルに生まれ変わる予定だった。しかし、いまだに未着工だ。理由は、売買に際し、「曹洞宗の代表役員の承認を必要とする」条件が満たされないまま転売され、「曹洞宗」の許可が得られていないからだ。

さて、冒頭の『湖雲寺』元住職Ｔ氏の話に戻す。

「最初に話を持ってきたのは、都内の不動産業者と名乗るＳ。２００５〜０６年頃のことで、当時、年間約５０００万円の固定資産税が払えなくなり滞納していた。お寺の土地の借地人の権利関係も複雑で、押しかけられてきたこともあった。そこに〝土地の地上権を売らないか〟と言ってきたので、売るしかないと、曹洞宗の本山の許可も取った。Sが仲介者になり、10億円前後で売買契約をしたが、その買い手が、海外旅行中に脳梗塞で倒れ連絡が取れなくなり、最終的にご破算になった。地上権の一部も一時期、Sが持ったこともある。お寺の固定資産税滞納額は4億円にもなり、間に入った業者に払ってもらったこともあったが、すべてはSから始まったことだ。後で分かったことだが、上着を脱いだシャツからモンモン（入れ墨）が透けて見えた」

『湖雲寺』の債権者による第三者破産手続きが開始されたのは、2015年2月のことで、負債は44億円に膨れ上がっていた。

関西系業者が入り乱れ骨までしゃぶる

債権者説明会は同年5月に開催された。T元住職はこう説明する。

「なぜ負債額が44億円になっていたのかは分からない。私にも出席要請があったが、〝身の安全を保証してくれるのか。できないなら出席しない〟と管財人に伝えました。結局、安全が保証できないと分かったので出なかった。後で出席した人に聞いたら、知らない人も来ていたそうだ」

土地登記簿や訴訟記録によると、10社前後の企業が、土地の権利者や『湖雲寺』に関するトラブルの裁判の地位継承者として登場しているが、ここで特徴的なのは大阪など関西の業者が多いことだ。

例えば、大阪の下町に出店が多いスーパーＴの子会社と関連会社が目立つ。土地登記簿によると、大阪市北区の業者が２０１５年８月、『湖雲寺』の土地を担保に近畿産業信用組合から極度額約97億円余りの融資を受けているケースもある。

同土地は、大阪市北区の業者と、テレビ番組のスポンサーもしている不動産会社（東証２部上場）を経て、２０１６年６月、香港の不動産投資・開発企業『グレート・イーグル・ホールディングス』に２２２億円で転売され、前述した『ランガム』グループのホテルが建設されることになった。

ところで、Ｔ元住職が某週刊誌に書き立てられたことは、資産がなくなった以外に何があるのか。

「報じられた元同棲相手の銀座の元ホステスとは、前妻と離婚裁判中で別居していた時に知り合い、離婚が成立してから同居したのです。〝高級外車のベントレーを持ちハワイにも家を買い、エステやバーなどを経営していた〟とも書かれていますが、まったくの嘘。前妻から起こされた慰謝料請求裁判で、すべて彼女が所有者であることが認定されています。唯一、私が贅沢したのは、１５００万円余りのマセラティ（高級外車）だけ。これも所有地の管理会社が買ったもの。タイトルに付けられた〝金髪〟も、彼女の家族とハワイに行った際、ふざけて４〜５日間脱色しただけ」

そして、「失踪」にされた事情についてこう説明する。

「彼女とは、もう暮らせない気持ちになったから家を出た。そしたら彼女が〝失踪手続き〟をした。銀行で宗教法人の印鑑やクレジットカードの変更手続きをしたところ、警察に見つかった。それで警察から〝身体が危ないから〟と言われ、数ヵ月間身を隠したのです」

海千山千の不動産ブローカーらに脇の甘さを見抜かれ、骨までしゃぶられた揚げ句、〝一文無し〟になったというのが、事の真相のようだ。

大阪・ミナミ「精華小跡地」地上げの場外乱闘

「バブル以来最大」超一等地の紆余曲折

ここは日本か？　思わずそう声を上げたくなるほど中国人をはじめとする訪日外国人（インバウンド）でごった返す大阪・ミナミ。

大阪観光局が２０１８年1月に公表した大阪府内への訪日客は２０１７年の1年間で１１００万人を超えた。その大阪・ミナミの繁華街のど真ん中にある旧『大阪市立精華小学校』跡地（約

４２００平方メートル）の開発が進み、２０１９年４月にも９階建て商業ビルが完成する。
建設に至るまでには、紆余曲折があった。大阪では「バブル以来最大」といわれた超一等地の土地取引。隣接地との一体開発を当て込んだ不動産会社やブローカーが入り乱れ、揚げ句の果てには右翼の街宣車まで登場し一旦頓挫。転売で利ザヤ稼ぎを狙った地上げに失敗するなど、トラブル続きでの着工だったのだ。

地元住民の寄付で昭和初期に鉄筋コンクリート４階建ての校舎になった同小学校は、児童数の減少などで１９９５年春に閉校となった。喜劇役者の故・藤山寛美が卒業した同小学校は、名建築物として知られ、大阪市は閉校後、小劇場や学習施設として活用し、地域住民による保存運動も起こった。

大阪市は２００７年に跡地を91億円で売却する案を固め、当時の平松邦夫市長の時代に当初60億円で競売にかけようとした。ところが、２０１１年11月の大阪府知事選挙とのＷ選挙で橋下徹氏が大阪市長に当選。橋下氏は精華小跡地の売却は「ゼロベースで見直す」と公約していたが、就任１年後に、一転して買い手を恣意的に選べるプロポーザル（企画提案）方式に変更した。

そして２０１３年２月、飲食・物販店、ホテルなどが入る複合ビルを提案した大阪市内の不動産会社Ｓ社が約35億９０００万円で落札。平松市長時代の売却予定価格案と比べ、それこそ叩き売り同然の低価格であった。

落札したＳ社は『アデランス』創業者・根本信男氏の資産管理会社だ。大阪市は入札に際し、土地の転売を禁止し、5年以内に建物工事に着工するよう落札業者に義務付けた。2018年2月までに着工できなかった場合、跡地は25億円で買い戻すことになっていた。

山積した問題の一つが、同小学校跡地の西端に残っていた約150メートルにわたる高さ数メートルの塀。一部店舗の建物と一体化していることもあって、地元商店街や自治会との話し合いは暗礁（あんしょう）に乗り上げた。

また、S社は共同事業者を募ってSPC（特定目的会社）へ統合させる計画を立てたが、これは跡地をSPCに売却するということになり、大阪市の転売禁止規定に違反するものだった。

事情を知る関係者がこう解説する。

「S社が共同事業を持ち掛けたのは、地元の激安スーパー。2014年3月、SPC設立の締結を交わし、激安スーパー側からS社に消費賃貸契約で58億円を送金することになっていたんです。そのうち、2億円だけ仲介者に支払われたということです。ところが、SPCは転売禁止事項に反するということが分かり、共同開発はパーになりました。それで怒った激安スーパー側はS社に支払い済みの2億円の返還訴訟を起こした」

この前後から、右翼の車が大阪市役所前で「市幹部と跡地の開発会社が癒着している」などと大音量で街宣活動するようになり、跡地開発は一旦中止に追い込まれた。

なにわの金の亡者たちの右往左往

跡地開発について、大阪市幹部の関与があったことについては、当初、共同開発に携わった不動産ブローカーの1人が訴訟でこう証言している。

「2007年頃、自治体関係者から協力してほしいと依頼され、不動産関係業者4社で2009年12月、共同事業実施契約書を交わした。開発者であるS社を連れてきたのはそのうちの1社で、S社が落札できたのはスーパーゼネコンの後押しがあったから。600億円で跡地開発する計画だったが、（隣接店舗の）地上げ物件と合わせ高額で第三者に転売する話になり、恐ろしい金額に膨らんだ。もともと、跡地の所有者が決まるまで、地上げはしないと地元と約束していたが、裏切り者が出た」

跡地の隣接店舗の地上げをしたのは、大阪市内の不動産会社のK社。跡地南側に隣接する『なんば南海通』商店街のビル2店舗（計72平方メートル）をビル入り口用地として2013年秋までに、計約26億円で買い取る契約を交わした。

K社は別の不動産会社J社と2014年9月、2店舗を計約32億5000万円で転売する契約を締結。J社は手付金5000万円を支払った。J社の目的は、建築主のS社に再転売して利ザヤを稼ぐことだった。

しかし、「事業計画に首を突っ込んできた某業者が、東京・新橋の会社経営者が地上げ買収資金を出すという話を持ち込んできた。でも、新橋の経営者本人に聞くと〝そんな話は最初からしてない〟と言う。とんだ赤っ恥をかかされた」（関係業者）ことから、実際には買収できなかったという。

　こうした事態を見越していたのか、Ｓ社は別の隣接地をビル入り口用地として買収していたのだ。

　結局、Ｊ社のＳ社への再転売の当ては外れた。こうしたことからＪ社は「跡地と隣接地の一体開発の合意が成立しなくなったので、売買契約は無効」として２０１５年２月、Ｋ社に対し支払い済みの手付金の返還訴訟を起こした。

　対するＫ社側も、Ｊ社側が２店舗の買収代金を決済日までに用意できなかったとして、１億円の違約金支払請求訴訟を起こし、場外乱闘となったのだ。

「みんなで儲けようという話でスタートした」（元Ｊ社取締役の訴訟での証言）という精華小跡地開発。なにわの金の亡者たちの企みは見事に失敗した。

続発する福岡金塊事件の闇

博多駅前金塊強奪事件の現場を行く

「警察だ」
「密輸だな」

九州の玄関口、JR博多駅筑紫口を出て信号を渡って左折してすぐにあるビル街で事件は起こった――。

東京都内の貴金属店経営者が警察官を装った複数の男に、こう声をかけられ、約7億6000万円相当の金塊160キロを奪われた。2016年7月のことである。

通称『博多駅前金塊強盗事件』。同年12月に地元・九州のブロック紙『西日本新聞』が、事件を内偵していた福岡県警の捜査情報を、愛知県警の警察官が犯人グループに漏洩していたことをスクープして大騒ぎとなった。このスクープで同紙は2017年9月、日本新聞協会賞を受賞することとなった、いわくつきの事件である。

2017年12月初め、筆者は件(くだん)の事件現場を訪ねた。金塊が強奪されたのは、8階建てビル1階のエントランスだ。なぜ、ここが事件現場になったのか？

実は、事件発生直前の2016年4月、同ビル8階に、東京・上野に本社を置く大口の貴金属・地金を取り扱うA社福岡支店がオープンしているのだ。こうしたことから、筆者は、金塊をこの店で換金しようとしてビルに入ったところを、待ち伏せしていた犯人グループに強奪された

――と見込み、同店を訪ねた。

応対した同福岡支店幹部に、「ビル1階のエントランスで事件が起きたわけだから、この店に金塊を売りに来ることが目的だったのではないか」「強奪された金塊は7億6000万円相当と巨額。事前に被害者から取引の連絡があって当たり前ではないか」と問いただしたが、同支店幹部は「実際、うちの店に来たわけではないので何も知らない。（被害者から）事前に連絡もなかったし、警察からもそうした話を聞いていない」と答えるのみで、やり取りは終始した。

博多駅前金塊強盗事件では、これまで愛知県名古屋市を本拠地とする窃盗常習犯の兄弟グループなど10人を逮捕、うち7人が起訴された。2019年1月21日、福岡地裁はうち3人について懲役5年6ヵ月~7年を言い渡した。

マスコミ記者が、事件の経緯についてこう解説する。

「そもそもの発端は事件現場で指揮をしていた主犯格のAが、刑務所仲間から持ち掛けられた情報からです。その話に窃盗常習犯のもう1人の主犯格Bが乗って、仲間であるKらが実行犯を集めました。Aは、弟とともに名古屋で窃盗常習犯の兄弟グループとして有名です。地元のヤクザとは知り合いも多いが、構成員ではありません。半グレの不良グループです」

盗んだ金塊160キロのうち90キロが主犯格のBらの取り分で、東京都内の貴金属店に持ち込まれ、現金約4億3100万円で売却。所在不明の残り3億3000万円分の金塊は情報提供者に渡ったことが被告らの供述で分かっている。

事件は漏れた情報に複数のグループが関与した？

それにしても、なぜ博多駅前の貴金属店に入居するビル1階のエントランスで事件は起きたのか。偶然にしては話が出来すぎていると思うのは、筆者だけではないと思う。

先のマスコミ記者は、その疑問にこう答えた。

「そこがこの事件の最大の謎です。要するに、日時や場所が事前に漏れていたんですよ。実は、被害に遭った貴金属店経営者のバックには、今回強奪された金塊を用意した出資者がいて、強奪されたのは雇われ経営者です。金塊ビジネスをめぐっては、出資者、雇われ経営者、密輸グループ、金塊や換金した現金の運び人と、いろんな人物やグループが関与していて、そのうちの誰かが情報を漏らしたから事件が起きたのです」

同記者は続ける。

「実際、7億6000万円相当の金塊が盗まれた後も同じ場所で2回金塊強盗があり、うち1回の被害現場写真が出回っているという話がある。要は、『あの場所は気をつけろ』と、業界内で注意喚起している場所なんでしょう。大抵の金塊は密輸品だから表沙汰にできない。しかし、今回強奪された金塊は〝正規品〟として被害届が出たので事件として捜査が行われたのですが、業界では〝本当か？〟という声が出ているのも事実です。だいたい、日本でも最大手に属する業者が、密輸品として薄々分かっていても、持ち込まれた金塊を買い取っているというのが業界の実情なんです」

２０１７年4月20日昼、博多の繁華街・天神の駐車場で金塊取引に使う3億８４００万円が強奪される事件が発生している。東京の貴金属会社の男性が銀行から現金を引き出して車に積み込む際、背後から催涙スプレーをかけられ、現金が入ったスーツケースを奪われたのだ。

この事件では同年12月初めまでに計９人が強盗致傷容疑で逮捕され、９人とも起訴されている。この『博多・天神事件』について、地元の事情通はこう説明する。

「主犯格は２人。１人は金塊買い付け情報を事前に入手し、もう1人は現場指揮者。犯行に関与したのは、寄せ集めの大阪と関東の不良グループ。全体像を知っていたのは主犯格の２人だけで、強奪したカネは、現場指揮者の愛人のマンションで山分けしたといわれています。3億８４００万円のうち、福岡県警が犯行グループの関係先から押収したのは数千万円。残りのカネはいまだに不明です」

『博多・天神事件』が発生した同じ日の4月20日夜、福岡空港から現金7億３５００万円を無許可で持ち出そうとした韓国籍の男4人が関税法違反容疑で逮捕され、5月31日には、佐賀県唐津市名護屋港で、密輸した２０６キロ、小売価格9億８４００万円相当の金塊が摘発されている。

九州・博多はなぜ金塊ビジネスの舞台になるのか。次項ではやや角度を変え、福岡空港事件を例にその背景と手口を追う。

福岡空港事件の背景にある金密輸

香港―韓国・仁川―博多〝金塊ビジネストライアングル〟

前述したように2017年4月20日夜、韓国人の男4人が福岡空港から現金7億3500万円を無許可で香港に持ち出そうとして関税法違反容疑（無許可輸入未遂）で福岡県警に逮捕された。

同日昼、博多の繁華街・天神で1億8400万円が強奪されたことから、「スワ！　天神の現金強奪事件のカネか」と大騒ぎとなったが、全く無関係だった。それどころか、4人は福岡を拠点に、香港・仁川（インチョン）を結ぶ〝循環型〟と呼ばれる金塊密輸グループの中核メンバーだった。

循環型とは、この事件の例で言えば、「韓国・仁川国際空港から数億円相当の金地金を密輸入し、その際、福岡空港で消費税の支払いを免れ、福岡市内など日本国内で密輸入した金地金を消費税8％分上乗せした価格で換金。それで得た現金を香港に密輸出して金地金を買い付け、その金地金を再び韓国経由で日本に密輸入する犯行形態」のこと。

密輸1回につき密輸入した金地金の価格に対する消費税相当の利ザヤを得られる仕組みだ。当然、密輸を繰り返せば繰り返すほど、また、金地金が大量であればあるほど儲かる。例えば、佐賀・唐津の漁船による金塊206キロの密輸入事件で、税関が佐賀地検に告発した消費税免れ分は7740万円に上る。

一方、福岡・博多の金地金店は密輸品であっても、他の商品同様、普通に消費税8%をプラスして販売するため、なんら損失することはない。金は海外の多くで非課税。その非課税の香港で仕入れ、韓国・仁川国際空港の入管検査のないトランジットエリアで運び人に手渡され、日本に持ち込まれるのが定番だ。

財務省の統計によると、2017年に全国の税関が摘発した金地金の密輸は1347件（前年比66%増）、押収量は6トンを超え（6236キロ〔約280億円相当〕、前年比約2・2倍）で過去最高。仕出地別にみると韓国（543件）、香港（340件）、台湾（296件）の順に多く、上位3ヵ国で全体の約9割を占めている。

その金塊ビジネスがなぜ、博多で相次いだのか。大手のマスコミ記者は言う。

「博多がアジアに近いからですよ。それに大口の金地金店も複数できて、多額のカネを出し入れできる都市銀行が揃っているからです。我々は〝香港─韓国・仁川─博多を金塊ビジネストライアングル〟とも呼んでいます。ただ、博多は事件が相次いだことで注目されましたが、東京・上野や大阪などは金地金店も多く、金塊ビジネスはもっと大規模に行われているはずです。密輸品だけに被害届も出せないので、表沙汰にならないだけだと思います」

金塊ビジネスの仕組みが分かったところで、話を福岡空港事件に戻し、その手口を明らかにしたい。

逮捕されたのは、ハ・ソンジン、パク・ジェヨン、イ・ヒョンウ、ビョン・ソンフンの4人。2017年12月13日、4人にはいずれも福岡地裁が懲役2年6ヵ月、執行猶予4年の有罪判決を言い渡している。

押収された犯人の赤裸々な携帯記録

福岡地裁での検察側論告によると、2017年4月20日に福岡空港で逮捕された際、無申告の現金7億3500万円を分散してキャリーバッグに入れていたが、税関職員に発見された。その際、「フェラーリを購入するための資金」と弁解したが、嘘だった。4人は逮捕前日の4月19日、韓国・仁川国際空港から関西国際空港に到着。大阪から新幹線で博多駅に着き、同夜は福岡市内のホテルに宿泊。翌20日午前10時半すぎ、福岡空港に現れた。

福岡県警が押収した犯人の携帯電話から、事の経緯が判明した。携帯電話には、「4月20日木曜日」と題する31人の韓国人の写真、氏名、航空機の便名及び、出発時刻、数字等が記載された一覧表のデータ画像が保存されていた。保存されていたデータは、金地金運搬役一覧表だった。その携帯電話で事件前日の19日夜から事件当日の翌20日夕方まで、ソ・ドンギュンなる人物及び、氏名不詳者らとの間でグループチャットのやり取りをしていたのだ。

氏名不詳者から送信された「今日、車両回収は、1、3、4、5号車、2台ずつ回収します」というメッセージに、犯人グループは「1次総35個持ってラウンジで待機中」「2次5名29個回収完了」「4次駐車場、何番に移動する?」「総25個回収完了」などといったメッセージを送信していた。

「1次」「2次」という言葉は、金地金運搬役が仁川国際空港から福岡空港への搭乗便の出発時刻の順番の呼称で、個数は密輸に成功した金塊のことである。

この事件では、1人当たり5個ないし7個の金地金を持たせた20人から30人の運搬役を、5つの便に分乗させて密輸入を実行させていたとしている。

さらに、20日午前11時すぎから午後2時前までの間、先のグループチャットで、「1—1、1—2は入管通過」「2—3 ユンさんの位置わからないですよね」「男性連れていかれた」などといったメッセージがやり取りされている。やり取りから窺(うかが)えるように、実際、運搬役の韓国籍の男女2人が入国審査の際、金地金を発見され入国を拒否された。

そして、密輸入した金塊の一部20キロが20日午後2時すぎ、東京・上野に本店を置く貴金属地金買取・販売店の最大手の一つであるJ社の福岡支店において9600万円で売却されている。J社は事前に市中銀行から金塊の買収代金を引き出していた。

売却人は香港人で、売却直前に福岡空港で犯人グループと接触。売却後、現金をキャリーバッグに入れ、氏名不詳者たちと福岡空港に戻った。その氏名不詳者たちが午後3時前に、福岡空港国際線ロビーにいた犯行グループ４人らの近くにキャリーバッグを置いて立ち去り、売却代金は４人の手元に入った。

福岡空港事件は国をまたいだ金塊密輸の一端だった

福岡空港現金持ち出し事件（２０１７年4月20日）の公判で、金塊ビジネスはアジア各国にネットワークを張り巡らした国際組織が関与した、大掛かりな犯行だったことが分かった。

公判での検察側論告によると、被告４人の金塊密輸は、今回だけではなく継続的に行われていた。４月20日の事件が発覚する以前にも、２月22日、３月１日、８日、15日、22日、そして４月12日に、韓国・仁川国際空港から関西国際空港に入国。翌日、福岡空港から香港国際空港へ出国していた。

例えば、４人のうちの１人、ハ・ソンジンから押収した携帯電話には、２月23日付で６億７０００万円の日本銀行券と１４５個の金地金の写真が保存されていた。換算すると、１個当たり４６２万円となる。さらに彼の携帯電話から４月１日付で、氏名不詳者らに〈７億７８００万円　１７５個　１個当たり４４４万７５１５円〉〈今日、日本から持ってきた金額、今日の金の個数〉などといったメッセージが送信されていた。

同メッセージには、〈日本から香港に現金を持って出国するとき、入管で現金に対する出所を聞かれることがあります。現金に対する出所を話せる程度には、準備してください（例フェラーリを買いに行く〉〉とのファイルも添付されていた。

同携帯電話の4月4日付には、氏名不詳者らに対し、推定7億3000万円の日本銀行券の写真と、160個の金地金の写真が送信されていた。こうしたメールの内容から、2017年4月20日夜の福岡空港からの現金7億3000万円持ち出し未遂を含め、4人を主犯格とする密輸と現金持ち出しは繰り返し行われていたことが窺える。

もう一つ、捜査当局が注目した事件がある。4月20日直前の4月13日に起きた金地金密輸事件だ。検察側論告によると、詳細はこうだ。

被告4人は4月12日、仁川国際空港から関西国際空港に到着し福岡市内へ移動。同市内のホテルに宿泊し、翌13日午前、福岡空港に到着した。被告らは「4月13日」と題する韓国人30人の運び屋リストを携帯電話に保存。金地金を隠し持った29人が福岡空港に到着したが、うち運び人のキム・ドンイルら6人が無申告の金塊を発見され入国拒否となった。

このうち密輸入された金塊は、福岡市内などで換金されたものとみられるが、検察側論告によると、この分と合わせ2月以降150キロの金塊が持ち込まれ、福岡・韓国・香港の3国間で少なくとも13回の循環型犯行が行われていた。これまでのメールのやり取りから1キロ450万円であると考えると、7億円超の消費税を免れた計算になる。

これだけ大掛かりな国際密輸取引ともなると、当然、各国に専門のブローカーが存在する。2017年4月20日の事件では、通称「やまさん」と呼ばれるブローカーがいて、4月19日、『ゆうちょ銀行』本店に電話で〝4月20日に7億3000万円を払い戻したい〟旨の問い合わせをしたり、20日の事件当日、福岡空港にキャリーバッグを持って現れ、有料待合室で先のハ・ソンジンら4人と接触、現金の一部を渡していた。

金塊密輸の舞台はインドへ

「やまさん」が待合室を予約していたのは、2017年2月以降50回以上にわたっていた。そればかりか、「やまさん」自らが役員を務める会社は、4月20日の事件で一部換金した金地金最大手の一つJ社（本社・東京）と取引。2016年10月13日から事件直後の17年4月21日までの間、合計103回、数億円相当の金をJ社で換金していた。「やまさん」は、明らかに国際密輸入組織の一員か、組織に依頼されて換金を仲介するブローカーだった。

国際密輸組織のブローカーは、香港にもいた。「マイケル」という人物で、犯人グループの携帯電話には「マイケルの方で両替をして、金を買ってもらう」というメモが記録されており、実際、香港に持ち込んだ日本円を香港ドルに両替した上で、金地金を購入していた人物だ。

冒頭の事件で逮捕された4人のうち、パク・ジェヨンとビョン・ソンフンの2人は4月13日、福岡空港から香港国際空港に渡航。捜査当局が押収した携帯電話には、2人が所在した香港のホテルで撮られた「マイク　2017年4月17日、日本円で5億3100万円受け取り。116キロ渡す」とのメモ写真が保存されていた。

さらに、携帯電話には5億3100万円分の1万円札を数えながらキャリーバッグに詰め込む動画も残されていた。撮影開始時刻は、日本時間で4月13日午後10時前だった。

日本を舞台にした国際金塊ビジネスも様相が変化している。

「というのも、福岡の事件以来、香港での取り締まりが厳しくなり、日本人が絡んだ事件が半減している。〝金塊天国〟といわれた日本も2018年3月から罰金を厳しくした。それでも需要は存在します。すでに金塊ビジネスグループはシンガポールに拠点を移して、インドから金塊などを密輸しています。インドには、巨大な地下銀行があって、買い取った金は地下銀行を通じて支払っているといわれています。いまや、インド恐るべしですよ。2017年秋、アルバイトで運び人役をした日本人学生がインド当局に拘束される事件も起こっています」（金塊ビジネスに詳しい在京の金融業者）

2017年12月11日、今度は東京税関が太陽光発電式装置に隠した金塊約330キロ（16億円相当）を香港から密輸したとして韓国籍の男2人を摘発。18年11月には、「福岡空港での密輸は摘発されやすい」と宮崎空港を舞台にした金塊密輸で韓国籍の男女3人に有罪判決。19年1月には、千葉県警と東京税関成田税関支署でも、車の部品に計19億円分の金塊を隠して密輸したとしてイスラエル国籍の男2人を送検している。

金塊天国・日本では、まだまだ国民の税金である消費税をかすめ取られる事態が続きそうだ。

佐川印刷グループ90億円不正流用事件の不可思議

疑問が残る事件化の経緯

大手印刷会社『佐川印刷』（京都府向日市）の元役員ら３人が巨額の資金を不正流用したとし、逮捕されてから約1年半。そのうちの１人で電子計算機使用詐欺罪に問われていた宮口孝元社員に対して京都地裁は２０１７年11月28日、懲役6年の判決を下した。

この事件の主犯格は、同印刷の元取締役経理財務部長の湯浅敬二被告。湯浅被告は同印刷の子会社『エスピータック』（京都府亀岡市）の資金管理を担当。宮口元社員は、同印刷で湯浅被告の配下で財務課臨時社員として働くとともに、『エスピータック』の資金管理業務にも従事していた。

２０１５年5月初め、『エスピータック』から資金90億円がインターネットバンクなどを使って外部に送金されていたことが、マスコミ報道で発覚し、巨額不正流用事件として大騒ぎになった。３人のうちの残り１人が、不正送金先である建設コンサルタント会社『エスジーコンストラクション』元社長の村橋郁徳（ふみのり）被告である。

これまでの公判で、主犯格の湯浅被告は「（佐川印刷創業者）木下（宗昭）会長から裏金作りのための資産運用を指示された」と主張。対する木下会長は「そういうことはありません」と全面的に否定している。

資金流出先の一つである村橋被告の会社には、同被告がシンガポールで計画していたサーキット場の建設資金など約45億円を送金していたが、木下会長は２０１７年９月７日の公判で、資金流出は２０１５年1月、「外部からの指摘で初めて知った」と説明。知人だった村橋被告からサーキット場建設の話を聞いたことはあるが、『止めた方がいい』と伝えた。その後、資金提供を頼まれたこともない」と述べた（ネットニュース・産経ＷＥＳＴ２０１７年９月８日付）。

主犯格の湯浅被告の部下であり電子計算機使用詐欺の実行役でもあった宮口元社員に懲役６年の判決が下され、４月26日には湯浅被告、村橋被告ともに懲役14年の一審判決が出たが、この巨額不正流用事件には、いくつか解せない点がある。

その一つは、メディアでも報じられている通り、佐川印刷側の刑事告訴が大幅に遅れたことである。

まず、筆者が入手した佐川印刷が作成した「簿外処理一覧」によると、資金流出は２００７年９月から２０１４年10月までの計77回にも及んでおり、この間、社内外のチェックで気づいてもおかしくなかったはずだ。

しかも、湯浅被告は社内調査で不正流用の事実を認め報告書を同印刷に提出した上、2015年2月、東南アジアに渡航し、連絡が取れなくなっていた。

4億円の不正出金を行ったとして、佐川印刷側が京都地検に刑事告訴したのは2015年6月16日付。湯浅被告が辞任してから半年近くたってからだった。当事者から辞職前に不正流用の報告書の提出を受けていたことから、それ以前から不正出金の疑いがあったと見るのが自然だろう。それゆえ、なぜこれほど長期間、公にしなかったのか疑問が残るのは無理からぬことである。

湯浅被告がフィリピン当局に身柄を拘束されたのは2016年10月。同被告は、姿を消して1年半以上も東南アジアに滞在していたことになる。その後、強制送還され、2016年11月、宮口元社員と共に京都地検に電子計算機使用詐欺容疑で逮捕された。

元横綱朝青龍らへの貸付もあったのはなぜか

もう一つ解せないことがある。筆者の手元にある佐川印刷作成の「簿外処理一覧」によると、約90億円の流出先は、村橋被告が経営する『エスジーコンストラクション』グループに約56億5800万円、モンゴルに4億円、『るり渓』に約12億2000万円、『インセンス』に約15億5600万円となっている。

『エスジーコンストラクション』グループの資金用途は、先にも書いたようにシンガポールでのサーキット場建設資金や霊園工事代などである。モンゴルとは、元横綱朝青龍などへの貸付、

『るり渓』とは、京都の名士が代表を務める京都府南丹市のゴルフ場への貸付資金、そして『インセンス』は湯浅被告が代表を務めた別会社である。

一方、佐川印刷は刑事告訴後の2015年9月、湯浅被告ら3人の被告と墓石販売業者を相手取り5億8000万円の損害賠償を求めて京都地裁に提訴。湯浅被告は公判に出廷せず、答弁書や準備書面も提出しなかったため、同年11月10日、他の被告より先に判決が出され、請求通り5億8000万円の賠償を命じる判決が確定している。

この民事訴訟に提出された佐川印刷の2015年1月26日付の「簿外処理一覧」のコピーが筆者の手元にあるが、なぜか黒塗りになった部分がある。先の佐川印刷作成のものと比較すると、実は、モンゴルの実業家を受取人名義にした朝青龍らへの貸付欄が黒塗りになっているのだ。

日付は2013年5月15日2億円、同5月28日2億円の計4億円だ。この4億円については〝朝青龍の関与するモンゴルの金融機関への送金〟と報道されていた。

こうしたいくつかの疑問について質問するため、佐川印刷に取材を申し込んだが、「裁判が続いており、お答えできません」とのコメントが返ってきただけだ。

佐川印刷の売上高は、関連会社を含め年商1000億円。1回きりではなく、7年間にわたる長期の合計額とはいえ、90億円は決して少なくない額である。

なぜ早期にチェックし、刑事告訴しなかったのか、重ね重ね解せぬ事件である。

自己破産急増の裏に銀行カードローンの甘い罠

倍増している銀行カードローンの貸付残高

サラ金被害が社会問題となり、国民的批判が高まった十数年前、2006年の貸金業法改正を経て多重債務者数も自己破産数も減少していた。しかし2016年、自己破産申請件数が約6万4600件へ13年ぶりに増加に転じ、以降も右肩上がりの傾向にある。

なぜ、自己破産が増えたのか。それは銀行のカードローン融資の急拡大である。銀行カードローンが多重債務の原因になっている理由について、『全国クレサラ・生活再建問題被害者連絡協議会』事務局次長で、大阪クレジット・サラ金被害者の会『いちょうの会』事務局次長の司法書士の新川眞一氏はこう解説する。

「かつて高金利業者による消費者の典型は『サラ金3悪』（高金利、過剰な融資、過酷な取り立て）と呼ばれていました。貸金業法が施行され、サラ金被害が下火となってきたと思われてきましたが、サラ金やクレジット会社に代わって、銀行のカードローンが悪質高利貸しとして登場し、いまや〝カードローン地獄〟といわれるほど、消費者に深刻な被害をもたらしています。借り入れの多くは生活費のやりくりに困り果てた消費者です。銀行カードローンで借金を重ねたことで返済不能になり、破産せざるを得なくなるケースが私の相談者でも増えています」

「お近くのＡＴＭで」「24時間いつでもお申し込み」等々。銀行各社のカードローンの宣伝文句である。

手軽さを売り込んだ結果、銀行カードローンの貸付残高は２０１３年から急増した。２０１６年は５兆４３７７億円にものぼり、サラ金など貸金業者の貸付残高の２倍以上に膨れ上がっている。

その銀行カードローンが多重債務破産の原因になっているのは、利用が多いとみられている２００万円以下の場合に多い。金利が約10％〜14％に設定されているうえ、収入に見合わない過剰な貸し付けが銀行によって行われているためだ。

美人銀行員が囁く「悪魔の勧誘」

銀行ローンの過剰融資手口の実例を紹介しよう。

関西に住む29歳の男性Ａさんは、住宅を購入するため、35年払いで２９００万円の融資を受けるため、幼な子を抱いた妻と共にＫ銀行を訪れ手続きを進めた。

年利は１・１％と小さく見えるが、借入額が大きいため、利息だけで１ヵ月３万円。元金は７

ことはできない。

万円になるので、合わせて10万円にものぼる。まだ30代手前であり、ボーナス払いをあてにすることはできない。

この時、スーッとAさんの真横の席に座った若い美人銀行員が「これは皆さんにお願いしているることなんです」と、カードローン契約書の申し込み用紙を彼の前に置いた。さらに、「住宅ローン融資の審査条件として、普通預金口座で公共料金の自動引落契約をしていただきましたよね」と彼女。Aさんは「あ、はい」と答えると、この美人銀行員は一気にハメにかかった。

「このカードローンは、住宅ローン審査の前提条件ではありません。もしも、もしもですよ。〝今月の住宅ローンのお支払いがちょっとしんどいなあ〟って思われたときなどに、直ぐに借入が出来て住宅ローンの支払いに充てることができる大変便利なものですから、是非ともお勧めしているんです。３００万円までは自由にお借り入れできますからね。お願いしますね」

美人銀行員はAさんに顔を近づけ笑顔で囁くように説明し、申し込み用紙の署名欄を呈示した。

Aさんは迷った。傍らにいた妻に「どうしよう」と相談したところ、妻は「別に後でも作れるやん」と消極的な返事をした。ここで美人銀行員は畳みかけた。「奥さん（カードだけ作っておいて頂いて、使わなくても別にいいんですよ」

このひと言がダメ押しになって、Aさんはカードローンの契約申込書にサインしたのである。

K銀行のカードローンの金利は、借入額が50万円までなら年利14・９％（年利息7万４５００円）、３００万円までなら7・８％（年利息23万４０００円）。まだ29歳のAさんが35年間一度も病気や事故などに遭わず、また住宅ローンも完済まで滞りなく支払い続けることが本当にできるのか。事故や病気がなくとも、幼い子どもたちが学齢期を迎える頃には多額の教育費も必要になる。

2018年1月18日に発表された金融庁の調査によれば、カードローンを使う理由で最も多かったのは、「生活費不足」（38・1％）だった。

カードローンにはもう一つ、悪魔の落とし穴がある。先の新川司法書士はそのカラクリをこう説明する。

「2006年の貸金業法改正で、サラ金やクレジット会社は、かつてのような商売はできなくなりました。これに代わって新たに編み出されたのが、銀行カードローン融資の〝保証〟です。すなわち、十数％の高金利で貸し出しをするのは銀行ですが、支払いができなくなったときのために、サラ金やクレジット会社が保証会社になる。銀行もサラ金も儲かる仕組みです」

では、どう是正したらいいのか。新川司法書士はこう提案する。

「サラ金は、貸金業法改正で年収の3分の1を上限にする『総量規制』が導入されました。しかし、銀行のカードローンは対象外で野放し状態。まず、ここにも総量規制を導入すべきです。そして、サラ金と同様、厳しい広告規制も行う。根本的には、低金利融資制度の抜本的拡充と現在法律で定められた利息の上限20％を少なくとも10％未満（一桁）に引き下げることです」

最後に「将来破滅が見え透く中、キレイな制服を身にまとう悪魔の勧誘に警鐘を乱打せざるを得ませんね」とも語った。

スルガ銀行の罪業「かぼちゃの馬車」

運営会社破たんで分かった取引スキームのカラクリ

女性専用シェアハウス「かぼちゃの馬車」をめぐり、サラリーマンオーナーの通帳改ざんや1億円過剰融資問題を主導した『スルガ銀行』（静岡県沼津市）の公的な責任が厳しく問われる事態になっている。

監督官庁である金融庁の森信親長官が2017年11月、経営環境が悪化する全国の地方銀行に「生き残りのためにスルガ銀行を見習え」と、その経営方針を手本として推奨していただけに、同行への処分がどの程度になるのかも注目されていた。

〈年収800万円、自己資金ゼロでも始められる不動産投資。オーナーになれば家賃収入を30年間保証する〉

そんな謳い文句で事業を拡大してきたシェアハウス「かぼちゃの馬車」の運営会社『スマートデイズ』（東京都中央区）が経営破たんしたのは2018年4月。シェアハウスのオーナーの大半は会社員だった。

スマートデイズの経営破たんと同時に一気に明るみに出たのが、会社員の給与所得や預金残高の水増し改ざん。その改ざん書類を根拠に、シェアハウス購入のため多くのオーナーがスルガ銀行から約1億円を借り入れていた。しかし、同社の破たんで1億円以上の債務を抱え、自己破産の危機に瀕しているのだ。

5月22日、「スルガ銀行・スマートデイズ被害弁護団」は、スルガ銀行行員14人と販売会社・仲介会社の担当者19人の計33人を有印私文書変造などの疑いで警視庁に告発した。

運営会社のスマートデイズは、スルガ銀行の融資の仲介や給与所得などの有印私文書変造等には関わっておらず、販売代理店がすべて行っていたことから、今回は告発の対象から除外された。ただ、同社を詐欺容疑などで刑事告訴する動きもある。

告発状によると、被害者は700人以上にのぼるとされる。なぜ、これだけ被害が広がったのか。カラクリは取引スキームにある。

まず、シェアハウスの土地売買契約は、いわゆる中間省略で登記上は元所有者から被害者に所有権移転登記が行われているが、実態は土地をスマートデイズが選定・仕入れ、そして被害者への販売価格も同社が決定していた。

取引の流れは、元所有者↓スマートデイズ↓販売業者↓オーナー（被害者）となっており、売買代金は土地の時価の１・５倍から2倍に設定され、その利ザヤのほとんどが販売会社を通じてスマートデイズに流れていた。シェアハウスの建築費も、建設会社が代金の３割から6割を同社にキックバック。もちろん、土地購入費も建築費もスルガ銀行からの融資で、１土地１物件について約1億円の融資が実行された。

オーナーに資金を融資していたのは、スルガ銀行横浜東口支店。同支店は本来融資を受けられない年収５００万～１０００万円のサラリーマンをターゲットにした。融資基準を満たすため、もっぱら販売会社から依頼された専門の業者が、オーナーの源泉徴収票、預貯金通帳の写し、取引履歴のＰＤＦの改ざんを行っていた。シェアハウスの案件は１０００件程度あったとされ、また関わった販売会社は約１００社、建築業者も約30社に及んでいたという。

スルガ銀行は、サラリーマンをシェアハウスのオーナーにする条件として、融資とは別に年収相当額を年利7・5％の高金利での借入を要求した。拒否すれば、シェアハウスは購入できない。しかも、この貸金の一部、２００万円～４００万円程度をスルガ銀行に定期預金することを強要した。金融庁の監督指針で禁じられている銀行の優越的地位の流用、いわゆる「歩積両建預金（ぶづみりょうだてよきん）」という違法な取引を押し付けていたのだ。

何かがある？　金融庁長官が「スルガ推奨」

告発状では実際の改ざんの具体例を紹介している。その一例を紹介しよう。

年収約600万円の被害者のケースだ。販売会社からスルガ銀行に提出した自らの源泉徴収票を取り寄せたところ、年収は800万円に改ざんされていた。インターネットバンクの口座取引も残高が15万681円しかないのに、2000万円も上乗せされ2015万681円に。さらに、カードローンも270万円を返済したように改ざんされていた。

まだある。都市銀行の口座残高は29万8916円だったのに、取引記録が偽造されシェアハウスの土地代金として700万円が販売会社に送金されたとの記載が行われ、その後、口座残高も441万6634円になっていた等々……。

シェアハウス「かぼちゃの馬車」問題は、春先に一部マスコミが報道し火がついたのだが、当初、スルガ銀行は「被害者」を装っていた。

しかし、5月15日になってスルガ銀行の米山明広社長が記者会見し、内部調査の概要を発表。融資残高はスマートデイズ以外も含めて1258人分、2035億円にも上るうえ、審査を通りやすくするため通帳を改ざんしたり、過剰融資を引き出すために売買代金の二重契約が作られた経緯を明らかにした。そして、第三者委員会の調査も進められることになった。

事の経緯を知る経済部記者はこう言う。

「スルガ銀行は伊豆地方に本社を置きながら、もっぱら東京など首都圏の個人相手に融資を行う特異なオーナー会社です。その銀行を森信親・金融庁長官が地銀の会合で〝見習いなさい〟と推奨した。森長官の責任も問われています。旗振り役をしたのは営業担当の専務です」

結局、２０１８年９月７日、岡野光喜会長、米山明広社長ら役員５人が引責辞任。金融庁は10月５日、不動産向けの新規融資を６ヵ月間禁じる一部業務停止命令を出した。

まさにサラリーマンを食い物にした悪徳銀行だ。

高齢者が被害ターゲットの地場ヤミ金融

「顔の見える」ヤミ金の新登場

多重債務を防ぐため改正貸金業法が２００６年12月に成立して以降、クレジット・サラ金業界もその経営実態が大きく変貌した。同法に連動するかのように、ヤミ金業界も相当の規模と速度で変容している。

その1つが地場ヤミ金融の登場だ。読者には耳慣れないかもしれないが、改正貸金業法成立後のここ10年ほど前から出現し、読んで字のごとくいまや地域社会に定着している感がある。以下、その実態をヤミ金融の変遷とともに明らかにしたい。

もともとヤミ金融といえば、一般的には「090金融」の携帯電話を使った業者や「03都金融」といった東京都の貸金業登録番号1号業者などのように、電話を通じてのやり取りが主流だった。ヤミ金融側が直接面接せずに金銭を貸付、暴力的脅迫行為などで返済を要求していた。

被害は借主だけでなく、家族や近隣住民など周囲まで巻き込み、果ては弁護士や司法書士らにも影響を及ぼすものを指すと考えられてきた。共通するのは、絶対に「顔を見せない」であり、それが「ヤミ金融」と呼ばれる所以(ゆえん)でもあった。

ところが、大阪の泉州地方（関西国際空港の地元）では「顔の見えない」ヤミ金被害が相対的に減少し、代わって跋扈(ばっこ)しているのが、もともと貸金業登録をしている業者だ。

彼らの場合、自身の登録番号で貸金業はしない。「個人的な貸付」と称して債務者に出資法の上限をはるかに超える金利で貸付を行う、あるいは出資法の上限金利を超えて貸付を行っていた業者が直接本人と面会して金銭を用立てする……すなわち彼らは「顔の見える」地場のヤミ金融業者なのである。年金生活者がヤミ金融をやっているケースもある。

貸すカネも少額だ。返済期間も1週間か10日間と短い。信用がないのでそうした業態でないと、商売にならないのだ。ただ、高齢者に貸す場合は、2ヵ月ごとに年金が入る月、あるいは生活保護を受けている顧客には毎月5日に集金するといった返済パターンが多い。利息は「トイチ＝10日で1割」、1年で計算すると120％を超えてしまう。

前述した年金生活者のヤミ金融業者については、こんなケースもある。

夫婦で200万円ぐらい借金があり、貸主は有名漫才師（故人）似のイカツイ年金生活者だ。利息はトイチで、毎週2万円ずつ返さなければならない。それが返せなくなり「そんなら身体で返せ」と言われ、奥さんは毎回ホテルに連れていかれて、それこそ「身体」で利息を払うハメに……こうした例は少なくないという。

地場ヤミ金融の実態を前述した大阪クレジット・サラ金被害者の会『いちょうの会』事務局次長の新川眞一氏に聞いた。

増え続けている素人ヤミ金業者

――地場ヤミ金融とは普段耳にしませんが、どんなヤミ金融ですか。

ひと言でいえば、「隠れヤミ金」ですね。貧困層が拡大する中で、個人がやる「見えない貧困ビジネス」だと思います。昔は「090金融」「03金融」といった、ビルの一角に事務所を設けて、従業員も若い人を5～6人使って電話をかけまくってビジネスとしてのヤミ金をやっていた。それが平成10年代以降、ビジネスとしてのヤミ金は廃れます。で、小さな規模で小遣い稼ぎ、生きていくのに必死やから貸す側も手っ取り早い儲けになるということで、地方では増えています。消費経済の大きな冷え込みが大きな原因です。

――ヤミ金は4分類あるといわれていますが。

先ほどから説明しているように、「090金融」「03金融」などで①暴力団傘下にあるもの②ビジネスとしてヤミ金融をやっているもの③従前の街金、サラ金登録業者やその従業員などでノウハウを持っているもの④一般の消費者がサイドビジネスとしてやる素人のヤミ金融です。

地場ヤミ金融はこのうちの④の素人業者が中心です。被害者は高齢者が多い。年金などの収入が最低生活費以下の人が大半です。他方、貸す側は本業にしているのは少数派。普段は別の正業をやりながら、サイドビジネスとしてヤミ金融を営むものが多い。彼らは本業だけでは食べていけないが、サラ金やヤミ金ビジネスを主たる稼業にするには危険性があるからです。

――どんな方法で貸付、回収、勧誘しているのですか。

貸付や回収の場所は、主として喫茶店やスナック、駅前などで待ち合わせた彼らの車中ですね。このほか、銀行のキャッシュカードを被害者から取り上げて暗証番号を聞き取り、被害者には当該預金口座に弁済額相当の入金をさせて、業者がこれをATMで引き出す回収方法も多い。いずれも領収書など一切出さず、書類上の証拠を残しません。

取り立ても、あからさまな脅迫や恐喝よりも、むしろ心理的に構造的に支払わざるを得ないような状況に持っていく巧妙な手口をとっているのが特徴です。

本業でスナックを営む業者がわずか数十万円の（それも大半が違法利息分）貸金をカタに、1

年半にわたってスナックで深夜接客のタダ働きをさせていた例があります。それも3人もいたそうです。

また、ある高齢女性の被害者が友人に無心された。持ち合わせがなかったために、ヤミ金にカネを借りて友人に貸したが、利息分2万円を返済できなかった。その友人をなじり、計5万円の取り立てを迫るという、今度は被害者が一転してヤミ金融業者に変貌した……そんな空恐ろしい光景に出くわしたこともあります。

積水ハウス「地面師事件」の複雑怪奇

背景にはアベノミクスによる異次元緩和のカネ余り

東京・JR山手線五反田駅を降りてすぐ、目黒川に掛かる五反田大崎橋を渡ると、右手にうっそうとした樹々が見える。周りがビル街だけに、ひと際目を引く。

2017年11月下旬早朝、筆者が訪ねた先は、老舗旅館『海喜館（うみきかん）』。茶色の塀に囲まれ、見ようによっては怪奇小説の舞台にぴったりの佇まいを残した旅館だ。玄関入口には、「警視庁」の文字が入った「立入禁止」の赤色のコーンが置かれている。

「ええっ！　あんな大手が、どうして？」と世間を驚愕させた大手住宅メーカー『積水ハウス』（本社・大阪市北区）が約63億円ものカネを騙し取られた、いわゆる地面師事件の舞台となったのが同旅館である。

地面師とは、まず他人の土地の所有者に成り済ます人間を用意。本人確認のために必要なパスポートや運転免許証、不動産権利書、印鑑証明書、土地・家屋の固定資産評価書など偽造したものを法務局に提出し、これらを「小道具」にして、購入者から土地代金を騙し取る詐欺師のことをいう。

アベノミクスによる異次元緩和のカネ余りを背景に、２０２０年東京五輪を前に地価が高騰している東京都内で頻発。大企業の積水ハウスも、まさかの詐欺に引っ掛かった事件である。

海喜館事件をめぐる所有権移転仮登記抹消を求める民事訴訟の記録や、関係者の証言によると、事件の顛末は以下の通り。

事件発覚の端緒になったのは２０１７年5月8日。病気のため入院中だった『海喜館』（4、5年前に廃業）の元女将（２０１７年6月24日死亡）の親族が、東京法務局品川出張所で同旅館の土地と建物の登記を閲覧した。すると、登記簿には東京都千代田区永田町にあるビルに事務所を置くＩホールディングスという見も知らぬ会社が同年４月24日付で元女将から「売買予約」したとして所有権移転請求権仮登記を行い、同時に積水ハウスが同請求権仮登記を行っていた。

驚いた親族は翌9日、元女将の代理人として法務局品川出張所の統括登記官に「不正登記防止申出」を行い、同出張所はこれを受理した。申出書には、元女将の印鑑登録証明書、国民健康保険被保険者証、国民健康保険高齢者受給者証などの写しを添付。合わせて、本人に成り済ましている女のパスポート・印鑑証明書の写しも出した。

後日、親族は入院中の元女将の写真を届け出た。その際、同登記官は「パスポートと全然違うね」と話したという。この時点で法務局は「登記簿の記載事項」に不審を持ち調査するのが当然のことだったが、同法務局は動かなかった。

ここで、なぜ親族が同旅館の登記を閲覧することになったのかを説明しておく必要があるだろう。

意図的に流された売却情報が核

そもそも、廃業していた『海喜館』をめぐっては、元女将に対し多くの不動産業者が売却を求め接触していたが、すべて断っていた。しかし、新たに次のような怪情報が飛び交うようになっていた。

「不動産ブローカーが、同旅館を担保に金策をしている」

「売買契約書が締結されて、3月末日が決済日である」

「もう所有権移転の仮登記がされている」等々……。

当初は、親族もこれらの話を無視していたが、「元女将と称する女性のパスポートや印鑑登録証明書が出回っている」という情報まで入ってきた。海外旅行に行ったことのない元女将がパスポートを所持しているはずはない。その確認のために登記簿を閲覧したのだ。

海喜館問題について詳しい都内の不動産業者は、積水ハウスが騙された背景についてこう解説する。

「海喜館は一等地にあり、どの不動産業者も目をつけていた。しかし、元女将が決して売らなかった。そんなところに〝元女将が売る気になった〟との噂が業界内で飛び交い、あちこちに広がっていった。しかし、これは意図的に流された噂で、これに積水ハウスが引っ掛かったというわけ」

この間、親族はIホールディングスと積水ハウス、そして登記手続きをした代理人である司法書士法人に対して、偽造のパスポートや印鑑登録証明書、健康保険証などを使って行われた仮登記の抹消、原状回復の催促状を、数回にわたり内容証明郵便で送りつけた。

そして、本登記申請の段階に至り登記申請代理人弁護士は、法務局品川出張所から提出要請があった「本人確認情報の登録済証」を提供できない理由欄に「紛失」と記載。このため、同法務局登記官は申請者本人の出頭を求めたが、指定日時に出頭しなかった。

代理人弁護士が申請人を出頭させることができなかったのは、成り済ましだったからに他ならない。本当の『海喜館』の元女将は、２０１７年2月13日から病気で入院しており、歩行もできない状態だったのだから……。

それでも、代理人弁護士は、民事訴訟の公判で「売買契約する際、公証役場で本人確認した」「印鑑登録証明書も品川区から正式に発行されたもの」と言い張った。

２０１７年6月1日、積水ハウスは法務局品川出張所で本登記の申請を完了したが、この日午後、警視庁大崎署が土地引き渡しに関与。改めて、本人確認を行ったところ、成り済まし犯の代理人弁護士は「パスポートの写真が元女将ではない」と回答した。

その際、代理人弁護士は震え、積水ハウス側の代理人弁護士に「虚偽・無効の仮登記、本登記」と説明した。こうしたことから、法務局品川出張所は１７年6月9日、積水側の登記申請を却下。被害に遭った積水ハウスは同年9月に詐欺容疑で警視庁に告訴した。

〝内部に「手引き者」の存在〟の噂

積水ハウスが地面師グループに約63億円ものカネを騙し取られた海喜館事件を世間に公表したのは、東京法務局品川出張所から土地の移転登記を却下された２０１７年6月1日から2ヵ月経った8月2日のこと。

〈分譲マンション用地の購入に関する取引事故につきまして〉と題する同社ホームページ掲載の発表資料によると、〈当社が分譲マンショシ用地として購入した東京都内の不動産について、購

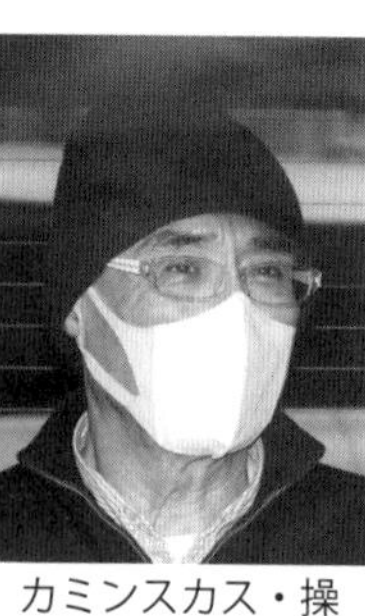
カミンスカス・操容疑者（逮捕時）

入代金を支払ったにもかかわらず、所有権移転登記を受けることができない事態が発生しました〉として、こう経緯を説明している。

〈本件不動産の購入は、当社の契約相手先が所有者から、購入後、直ちに当社へ転売する形式で行いました。購入代金の決済日をもって、弁護士や司法書士による関与の下、所有者から契約相手先を経て当社へ所有権を移転する一連の登記申請を行ったところ、所有者側の提出書類に真正でないものが含まれていたことから、当該登記申請が却下され、以降、所有者と連絡が取れない状況に至りました〉

対象の分譲マンション用地は２０００平方メートル（約６００坪）。４月24日に70億円で売買契約を行い、うち63億円を支払い済みだった。同社は被害公表の１ヵ月半後の９月15日、詐欺容疑で警視庁に告訴した。

また、同社は９月７日に発表した２０１７年２月〜７月期連結決算で、支払い済みの土地代金から預かり金を差し引いた55億５９００万円を特別損失として計上している。

「この事件の最大の謎は、なぜ積水ハウスという大手が騙されたのか……ですよ。〝内部に手引きした者がいるのではないか〟と勘繰る声も出ているほどです」

と語るのは、地面師事件を取材している社会部記者。

そうしたよからぬ噂がたつのも無理はない。積水ハウス側は弁護士と司法書士を売買の交渉に当たらせながら、元女将の親族から「虚偽登記」の通報を再三受けたにもかかわらず、本登記の申請を強行しているからだ。同法務局から却下されるまで「騙されていた」とする言い訳は、誰しもが釈然としないのは当然のことだろう。

そして、先の社会部記者は今回の海喜館事件で蠢（うごめ）いていた地面師グループについて、こう解説する。

「元女将に成り済ました偽造パスポートの顔写真は羽毛田正美容疑者。主犯格は公証役場で本人確認などを手配したカミンスカス・操容疑者とみられています。積水ハウスとの仲介役となった生田剛容疑者ほか、パスポートや国民健康保険証などを偽造するグループや土地を探すグループがいて、そのバックには暴力団の存在が取り沙汰されています。生田は警視庁から事情聴取を受けていますが、カミンスカスは現在、所在不明です（２０１９年1月11日、逃亡先のフィリピンで逮捕）。この事件では名うての地面師内田マイクの関与も噂されています」（１９年2月までに同事件での逮捕者は17人にのぼっている）

そして、意外なことに政治家の名前も飛び出してきたのだ。

『海喜館』の虚偽登記で所有権移転請求権仮登記先として記載されたIホールディングスの土地取引時の所在地が、自民党や民主党（当時）などの政党を渡り歩いた小林興起元衆院議員の事務所になっていたのだ。政治家など著名人が事務所を置いていることで、永田町では誰もが知っているビルだ。

小林興起事務所に確認したが、「後ほど返事します」と言ったきりで、いまだに連絡はない。

大手すらも騙す〝地面師村〟ネットワークの闇

また、地面師に詳しい在京のジャーナリストの1人も首を傾げ、改めて事件をこう分析する。

「なぜ、積水ハウスが騙されたのか謎ですね。何回か後戻りできるチャンスがあったのに、突っ走ってしまった結果がこうなんですから。『海喜館』のことは、不動産業界では早くから話題になっていて、大手の不動産業者の間では〝偽物〟と見破られていました。売却先に対しては、所有者の本人確認を公証役場で行うのが彼ら地面師の常套手段です。

主犯格の1人は元アパレル業界出身。もう1人は自称・税務コンサルタントで、過去に脱税事件に関与したとして逮捕されたこともある人物です。今は解散している有名な元経済ヤクザの組織で、不動産関係を担当していた大幹部（故人）のところに出入りしていたことでも知られていましたね。現在も系列の組織と付き合いがあるといわれていますが、本人は構成員ではなく半グレです。今回の事件で彼ら地面師グループは、手付金として10億円、預金小切手、通称〝預手〟を30億～40億円受け取っています。その際、振込先を10社用意するなど、仕事人としては鮮やかといっていいほどのプロですよ」

さらに続ける。

「いま話題になっているM資金グループが数百人いるとしたら、地面師も同程度いるとみられています。詐欺事件として表沙汰になっている案件は少なく、まだまだありますよ。〝地面師村〟と呼ばれるネットワークが存在します。例えば、資産家の女性が失踪の上、白骨死体で発見された東京・新橋４丁目の地面師事件がそうです」

現場は通称『マッカーサー道路』（環状２号線の一部）と呼ばれている東京・虎ノ門から新橋に至る約１・４キロメートルの西側の一角。

資産家の女性Ｔさん（60＝当時）所有の４階建ビルが建つ土地が２０１５年４月に突然売却され、その後、不自然な転売が繰り返され、最終的には大手企業が取得した。

この間の２０１６年３月、Ｔさんが突然失踪。同年10月、自宅近くの通路側溝で白骨化した姿で発見された。

この土地を取得した大手企業の広報担当者は「言われているようなこと（地面師絡み）とは関係なく、正当に行われた取引です。その後、相手側の債務不履行があったので、１６年に契約を解除した」と言う。

東京地裁は２０１９年３月13日、主犯格のカミンスカス・操容疑者を起訴。男女７人を不起訴とし、事件の捜査は事実上、終結した。

次項では、アパホテル事件について記そう。

仲介K社発のアパグループ地面師事件

訴訟記録に見る詐欺遭遇の経緯

東京で横行する「成り済まし犯」による地面師事件の被害者には、全国でホテルを展開する『アパグループ』も含まれていた。

詐欺の舞台になったのは、近くに衆議院議員宿舎などがある都内有数の一等地、赤坂2丁目の約120坪の土地だ。詐欺に遭ったのは『アパグループ』の不動産会社『アパコミュニティ』(金沢市、元谷外志雄代表)で、被害額は約12億6000万円。

警視庁捜査2課は2017年11月8日、会社役員の宮田康徳被告や司法書士・亀野裕之被告ら男女9人の「地面師」グループを有印公文書偽造・同行使などの容疑で逮捕。さらに、同月29日には詐欺容疑などで9人を再逮捕、別の1人を逮捕した。

同事件の逮捕者は計10人に上った。主犯格は、東京・上野で遊技機などの企画・販売を手掛ける『株式会社ダイリツ』代表取締役の宮田被告だ。

もっとも、『アパ』側は被害に遭ってからすぐの２０１３年9月20日に、土地売買仲介業者を相手取り、購入代金の返還を求める損害賠償請求訴訟を起こしている。同年12月、東京地裁は約12億６０００万円の支払いを被告側である土地売買仲介業者に命じる判決を言い渡している。『アパ』はどうして詐欺に遭ったのか。訴訟記録などを基に経緯を明らかにしていきたい。

『アパ』が損害賠償請求訴訟を起こし勝訴した相手は、土地売買仲介人のK社。そのK社側が東京地裁に提出した答弁書によると、事件の舞台となった赤坂の土地については２０１３年６月中旬、『ダイリツ』の宮田代表から紹介を受けたという。

その際、『ダイリツ』の説明では「本件土地所有者は表記登記上、港区のS・Y氏となっているが、同氏はすでに死亡。実質は兄弟のS・S、S・T氏の両氏が共有。２人の兄弟が相続で共有登記した後、『ダイリツ』が購入する」ということで、土地の買取をK社に持ち掛けたという。

この話を受け、K社は同年7月、現地調査に入り、社内調査を経て建築設計事務所へ依頼し、本格的に土地購入を検討。同月中旬には購入を決定し、『ダイリツ』へ土地購入を申し入れたという。そして、7月26日、S兄弟と『ダイリツ』が本件土地を5億円で売買する契約を締結し、同時に『ダイリツ』とK社は7億円で売買する契約を交わした。

S兄弟と『ダイリツ』との売買にあたっては、本人確認やその他の登記業務は、N弁護士が受任するということになっていたため、K社は取引の正当性を疑わなかったという。

精巧な偽造物はアパ側も見破れなかった

同年8月5日、土地を取得したK社は転売先を検討していたところ、不動産会社R社から『アパ』を紹介され売却を決定。翌6日には、早くもK社と『アパ』は売買契約を締結し、同日午後、三菱東京UFJ銀行赤坂見附支店で、S兄弟、『ダイリツ』、K社、『アパ』が一堂に会し、約12億6000万円の決済が行われた。決済前日までにK社は〝弁護士、司法書士の事務所でS兄弟の本人確認を行い、何ら問題ない〟と報告を受けたという。

決済の現場にはK社側の弁護士、司法書士が同行。『アパ』側の司法書士も立ち会い、同日『アパ』への所有権移転登記を行った。ところが13日、S兄弟の印鑑登録証明書、住民基本台帳カード等が偽造だったとして、所有権移転登記は東京法務局から却下された。

被告側のK社は「S兄弟が偽物だったことは全く分からず、『ダイリツ』を信用。印鑑登録証明書や住民基本台帳カード等が精巧に偽造されており、偽物であることを見抜けなかった。原告（アパ）も自己の司法書士を決済に立ち会わせていたにもかかわらず、S兄弟が偽物であると見破れなかった」などと弁明した。

原告である『アパ』側が2013年9月20日付で東京地裁に提出したK社に対する損害賠償訴訟の訴状によると、土地の紹介者がR社であること、これまで記した売買契約など一連の土地取引の経緯を認めた上で、13年8月6日、売買代金全額を支払った後、司法書士が東京法務局に一連の不動産登記の申請を行ったという。

その際、土地所有者の表示登記が故S氏である旨の記載のみで権利の登記がなされていなかったため、まず相続人のS兄弟らの保存登記を行った上で、順次、所有権移転登記をする予定にしていた。『ダイリツ』、K社、『アパ』の所有権移転は、『ダイリツ』から『アパ』へ、つまり中間省略登記をする予定だった。

ところが、前記のように8月13日、登記申請は「申請の権限を有しない者の申請」を理由に、東京法務局から却下された。その理由は、すでに述べているように、S兄弟から『ダイリツ』への所有権移転登記に添付されたS兄弟の印鑑登録証明書や住民基本台帳カードなどが偽造だったからだ。

実は、売買契約日の翌日8月7日付で、土地は故S氏から第三者へ所有権移転登記されていた。しかも、売買契約の日付が１９６７年7月と50年前であることも不可解なことだが、もとより所有者はS兄弟ではなかったのである。

筆者は『アパホテル』に、「宮田被告と面識があったのか。どうして騙されたのか」と、同社広報担当の指示によりメールで質問（２０１７年12月26日付）したが、本稿締め切りまでに返信はなかった。

『東スポＷＥＢ版』（17年11月29日付）によると、アパ事件で逮捕された9人の中に、前項で触れた「新橋事件」で失踪し、白骨化した姿で発見された資産家の女性に成り済ました73歳の女がいたかのような報道をしたが、未確認情報だ。
事実とすれば、まさに「地面師」村は「奇々怪々」村のごとしである。

第2章

政・官・財を繋ぐブラックマネー

連綿と続く「M資金詐欺」

GHQマッカート少将に始まる「M資金」話

「M資金詐欺」がまたぞろ流行(はや)っている。

「M資金」とは、連合国軍最高司令官総司令部（GHQ）のマッカート少将が日本軍から接収した大量の貴金属やダイヤモンドなどの資産を融資していると騙(かた)る詐欺話で、同少将の頭文字を取ったもの。

過去にも全日空の大庭哲夫社長が騙されて失脚、俳優・田宮二郎が猟銃自殺した原因とも言われるなど、知る人ぞ知る有名な詐欺話だが、被害者が口をつぐんでしまうため、滅多なことで表沙汰になることはない。

ところが最近、大手企業経営者がM資金騒動に遭ったことが相次いで報道され、世間の耳目を集めている。その始まりは、『週刊新潮』（２０１７年4月27日号）が報じた大手コンビニチェーン『ローソン』の玉塚元一(げんいち)会長（当時）に関わるM資金騒動だ。

筆者の手元にも証拠ともいうべきコピーがある。それはローソンの社内用便箋と思(おぼ)しき紙に、

「確約書　資金者殿　この資金をお受けいたします。宜しくお願い致します。玉塚元一」

との直筆メッセージ、その側には玉塚氏の名刺が貼られ、印鑑が4ヵ所押されている。念の入ったことに、自宅の住所、電話と携帯電話番号も書かれてある。

実は、玉塚氏のM資金騒動を最初に報じたのは在京のミニコミ紙だ。

「玉塚元一　5兆円で石油輸入？　5兆円でローソン乗っ取り？」

「大失態　ローソン玉塚会長M資金5兆円資金導入に失敗か？」

かつての総会屋新聞を思い起こさせるような仰々しい見出しのついたミニコミ紙が、玉塚氏の自宅やローソンに大量に送り付けられたのは2016年初めのこと。

このミニコミ紙は、

「玉塚氏は、5兆円の申し込みをした際、確約書を暴力団系のM資金ブローカーに渡し、さらに申し込み状況まで録音された」

玉塚元一

「玉塚氏と関わりのあるM氏とE氏は、玉塚氏が申し込みの際に直筆で書いた確約書と申し込み状況を記録した録音ファイルの回収をはじめた。が、確約書と録音ファイルの回収は、想像以上に困難だという」

などと書いている。

そして2017年4月12日、ローソンは玉塚会長が5月末の株主総会をもって退任すると発表した。

先の『週刊新潮』の取材に玉塚氏は当初、「確約書」の存在を全面否定していたが、翌日になってローソン広報部を通じて「確約書」は、「確かに自分のもので、捺印も私個人のものです。きっかけは、今から1年半ほど前、2人の知り合いから連絡を受けたことでした。1人は経営者、もう1人は大学関係者です……」などと、一転して「確約書」の存在を認めたのだ。

筆者は「確約書」のコピー、先のミニコミ紙、『週刊新潮』のスクープ記事などをもとに、ローソン広報部に「玉塚氏のM資金騒動について見解を聞きたい」と申し入れたが、同広報部は「(同広報部を通じて、『週刊新潮』に〝確かに私のもの〟と認めたことを含め)お答えすることはありません」とのことだった。

M資金ブローカーは「3グループ」300〜500人

M資金疑惑を取材している在京のジャーナリストの1人は、玉塚氏がM資金騒動に関わった背景についてこう解説する。

「当時、三菱商事がローソンの完全子会社化を進めていて、玉塚氏はローソンを追い出されるという話が出ていました。『それで玉塚氏は逆転一発、ローソンを自分で買収するということで、5兆円の融資話に乗ったと言われています。『週刊新潮』の記事で、玉塚氏は〝2人の知り合いから連絡を受けた〟と語っていますが、複数、それも３グループにサインさせられたという話もあります」

ここで挙がった３グループとは、近年、その動きが激しいＭ資金ブローカーのグループのことで、２０１６年に亡くなった悪徳弁護士グループ、東京・新橋のファミリーレストランを根城にする新橋グループ、同・大手町の高級ホテルを拠点にする大手町グループのことだ。ブローカーは３００人とか５００人いると言われている。

先のジャーナリストはこう続ける。

「名前が挙がっている悪徳弁護士（故人）は、玉塚氏との交渉のやり取りを録音していて、それを５０００万円でブローカーに売ろうと画策していたとの話です。テープを聴いた人によると、玉塚氏は最後までＭ資金が出ると信じているような口ぶりに聞こえたそうです。Ｍ資金の交渉場所に使われていたのは、弁護士会館のようです」

玉塚氏は『週刊新潮』への〝伝言〟という形で、こうも語っている。

「相手と何度か会いましたが、だんだん眉唾（まゆつば）モノだと感じて手を引くことにしたのです。相手の電話番号も通じなくなりました」

「私が関わったことによる被害者も出ていない。また、この一件は、今回の私の会長退任とは、全く関係ありません」

それにしても、５兆円とはあまりにも金額が大きすぎる。冷静に考えれば、信じる方がおかしい。サインしたことを認めている玉塚氏は、それこそ藁をもつかむ思いだったのだろう、と察するしかない。

筆者がM資金について最初に取材したのは、いまから二十数年前のことで、捜査当局が作成したブローカーリストを入手した。

近々では8年前、『産業育成支援協会』なる団体に「長期保護管理権委譲渡資金」のブローカーになる話を持ち掛けられた人物を取材したことがある。当時の金額は20億円だった。

つまり、M資金騒動に巻き込まれたのは、多人数にわたっているのだ。

大林組、徳島銀行……経営者はなぜ騙されるのか

M資金詐欺に引っ掛かったのは、ローソン元会長の玉塚元一氏だけではない。筆者の手元には、他に3人の企業経営者の「確約書」のコピーがある。

その1人は、スーパーゼネコン『大林組』のS元副社長だ。先の玉塚氏同様、次のような「確約書」を書いていた。

〈資金者殿　この資金お受け致します。宜しくお願いします〉

直筆で2017年3月30日の日付と自宅住所・携帯番号が書かれている。大林組代表取締役副社長の名刺も貼り付けられ、印鑑が押されている。

大林組に対し筆者が「S氏は6月29日付で副社長を退任し、特別顧問に就任したと発表されて

いるが、いわゆるＭ資金について『確約書』を書いたといわれていることと関係があるのか。辞めた理由を伺いたい」と問い合わせたところ、同社広報部は「Ｓは６月29日付で（副社長を）退任し、特別顧問に就任しました。『確約書』のことが記事で書かれたことは知っているが、Ｓの個人的理由で辞めたことであり、それ以上はお答えすることはできません」と、微妙な言い回しのコメントが返ってきた。

Ｍ資金詐欺の場合、被害届が出ていないことが特徴だ。それゆえ表面化することはないし、被害届が出ていないので警察が捜査することもない。大企業は体面が第一で大物経営者が突然〝休業〟、もしくは〝退任〟宣言しても、本当のことは分からないため、世間一般の人は額面通りに受け取るしかない。

また、『徳島銀行』のＫ元代表取締役専務の２０１６年1月25日付の「確約書」もある。同行の発表によると、Ｋ氏は１６年６月27日付で専務を退任している。同行にも、退任とＭ資金騒動を報じた記事との関係を問い質したが、「任期満了にともなう退任」との回答だった。

やはり、名前が記事化され、「確約書」のコピーも筆者の手元にある『埼玉縣信用金庫』元専務理事のＭ氏の場合、同金庫の会社登記簿謄本によると、２０１６年1月25日付で専務理事を「解任」となっている。

同金庫にその理由をＭ資金との関わりがあるかどうか問い合わせたところ、「本人の申し出によるものです」との文書回答があった。前述のように会社登記では、Ｍ氏の専務理事は「退任」

ではなく「解任」となっており、ただ事とは思われない。

先のジャーナリストは、経営者がなぜ、いとも簡単に騙されるのか解説する。

「経営危機や個人的にその役職に就いていることが難しくなって、それを維持するため、とにかくカネがほしいという切迫した焦りから、つい手を出してしまうのです。M資金のブローカーも経営者の弱点を握っていて、もっともらしい小道具を揃えて接近してくる。もちろん、『確約書』の中には偽物もあるが、いま15～16人の経営者の名前が挙がっている。まだ表沙汰にはなっていないものの、誰それは1億円、あるいは別の経営者は1億5000万円を手数料として支払ったともいわれています。ブローカーは〝1兆、2兆〟と吹聴するので、別名〝豆腐屋〟とも呼ばれている」

「億」円台から「兆」や「京」へと桁が膨張

すでに一部で報道されているが、格安旅行会社オーナー、鉄道会社会長、大手薬品卸メーカー社長、大手衛生用品メーカーなどの名前も取り沙汰されている。

筆者の手元には、偽物と思われるメガバンクの清算事業部代行名の「誓約書」がある。2012年5月23日付で1兆5000億円の手数料として、1500億円の小切手のコピーがついている。

実は、同メガバンク元会長による2014年2月24日付「依頼書」なるものも出回っている。

同メガバンクの2つの支店にある同元会長名義口座に1京(けい)2000兆円をそれぞれ入金することが記述されている。そのカネの出所は、「日米相互防衛援助協定（MSA協定）の資金部門であるMSA基金協定加盟国148ヵ国の共有管理基金」となっている。これも偽物だろう。

一方で、同メガバンクをめぐっては、M資金のブローカーの間で「メガバンクには、いくらでもカネは眠っている。同行OBが動いて応接室をM資金の交渉場所として提供している」との情報まで飛び交っているのだ。

先のジャーナリストは、こうも言う。

「噂の格安旅行会社オーナーの確約書を、あるM資金グループから見せてもらったが、そのコピーはくれなかった。現在進行形とみられ、終わったら『確約書』が出回る仕組みだ」

今回の一連のM資金騒動に使われている小道具は、前出の『基幹産業育成資金』（長期保護管理権委譲渡資金）だ。多少、名前で化粧がほどこされているが、繰り返し詐欺の道具になっている。

筆者が取材した9年前は、漁業協同組合やJA組合長が20億円の詐欺被害に遭っているというものだった。現在の「兆」や「京」と比べると、詐欺話は桁違いに膨らんでいる。

筆者も入手した「M資金ブローカー」リストには、101人のブローカーが列記されているが、リストは「少し前のもの」（事情通）という。

2017年暮れ、警視庁は冒頭の玉塚氏らにM資金疑惑報道のミニコミ紙を送り付けていた発行人、その師匠役とされる別のミニコミ紙発行人を別件の弁護士恐喝容疑で逮捕し、２０１８年1月中旬までに起訴した。しかし、この事件を警視庁は一切公表していない。なぜ、公表しないのか謎なのだ。

しかも、別件逮捕とは、これまた不可解な話で、一連のM資金詐欺事件に蓋をする意図があるのではないかとの噂も流れている。

スパコン助成金6億円超の詐取の裏ルート

「麻生大臣へのトライアングル」に真相⁉

「予想はしていたが、やっぱり名前は出てこなかった……」

こう嘆息するのは在京の社会部記者だ。

同記者が残念がるのは、スーパーコンピューター開発会社『ペジーコンピューティング』（以下、ペジー社）の元社長・齊藤元章被告（50）が経済産業省から助成金6億５３００万円を騙し取った詐欺と法人税・消費税約2億6000万円を脱税したとして東京地検特捜部に起訴された事件だ。

その第1回公判が2018年5月22日、東京地裁で行われた際、検察側の冒頭陳述には、ある人物の名前が出てこなかった。ある人物とは、元TBSワシントン支局長で安倍総理の番記者だった山口敬之(のりゆき)氏のこと。

ジャーナリストの伊藤詩織さんに対する「準強姦事件」で山口氏に逮捕状が出たものの、菅義偉(よしひで)官房長官の元秘書官で当時、中村格(いたる)・警視庁刑事部長(現在は警察庁総括審議官兼警備局付)が執行を停止したいわくつきの人物だ(中村氏は『週刊新潮』2017年5月18日号の記事の中で〝逮捕は必要ないと私が決裁した〟と同誌の取材に答えている)。

齊藤被告とはTBS記者時代からの友人。「第一次安倍政権時の首相辞任は麻生太郎・現財務大臣から知らされた」と山口氏の著書『総理』に書いてあるほどで、麻生氏とも関係が深い。麻生氏と齊藤被告を繋いだのが山口氏といわれ、山口―齊藤―麻生のトライアングルこそが、ペジー社事件の真相ではないかといわれる所以(ゆえん)だ。

山口氏は2015年4月、ワシントン支局長を解任された後、翌16年5月にTBS退社。そして、ペジー社の顧問に就任しているが、その2ヵ月前、齊藤被告と共同代表で一般財団法人『日本シンギュラリティ財団』を設立していた。

山口氏が自宅兼事務所にしていたのが、国会議事堂に近接した超高級ホテル『ザ・キャピトルホテル東急』が入る『東急キャピトルタワー』の住居棟。戸数は14戸しかなく、家賃は平均130万円。現在は退去しているが、山口氏は少なくとも1年数ヵ月使っていたとみられている。賃料を払っていたのはペジー社。

いくつかのこうした背景があったことから、助成金をめぐり山口氏の関与があったか否かが密かに注目されていたのだ。

それにしても、ペジー社はどうして国から巨額助成金を得ることができたのか。

忖度から助成金総額は87億円超に

齊藤被告は新潟大学医学部卒業後、東大大学院に進学。1997年、医療系システムを開発する企業を米シリコンバレーに設立。コンピューター業界の賞を受賞するなど、「スパコンの旗手」とも呼ばれた。

検察側冒頭陳述によると、詐欺事件の発端になったのは、齊藤被告が2006年に設立したレーシングチームの管理運営会社の大赤字。その運営資金の大半を齊藤被告からの貸付金で賄っていたが、2009年、同社は約3億4000万円の繰り越し欠損を出した。齊藤被告からの借入金は約6億2400万円にも上っていた。

同被告は2010年1月、ペジー社を設立し、プロセッサ開発事業を営むようになった。経済産業省所管の国立研究開発法人『新エネルギー・産業技術総合開発機構』(NEDO)が実施する2012年度研究開発費補助金（ベンチャー企業への実用化助成事業）の対象事業にペジー社が選定された。

「超広帯域Ultra WIDE−IO3次元積層メモリデバイスの実用化開発」という事業で、これに絡み2014年2月、助成事業に要した費用が計7億7300万円と虚偽の実績報告書を提出。NEDOに助成金額を約4億9900万円と確定させた上、同年3月、積算払いとして既支払額を控除した約4億3100万円を騙し取ったという。

こうしたカネは、先のレーシングチーム運営会社の赤字の穴埋めとして、ペジー社から架空の外注費用として計上され、ペジー社もまた所得の圧縮による脱税に使った。同社の実態は自転車操業状態だったわけで、繰り返し架空経費、外注費を計上するなどして助成金を騙し取り、その額は6億円を超えた。

そのペジー社を安倍内閣が優遇していたことを、2018年1月30日の衆院予算委員会で今井雅人議員（国民民主党）が取り上げている。

麻生太郎財務大臣

それによると、麻生財務大臣は2016年7月、スパコンの開発研究所を視察。その際、現場で説明したのが齊藤被告だった。

答弁で麻生大臣は自ら視察を申し出たことを認め、その理由を「齊藤被告が有名人物で、その著書を読んで強く関心を持ったからだ」と説明した。

さらに、今井議員の指摘は続く。

翌月の8月24日、補正予算を閣議決定し、10月12日からスパコンの補助事業を緊急募集することにした。これに齊藤被告のペジー社が応募し、原則50億円を超える60億円の融資枠をとったことを疑問視したのだ。しかも、直前の10月3日、安倍総理が議長を務める経済財政諮問会議「2030年展望と改革タスクフォース」第1回会合が開かれた際、メンバーには利害関係者としてただ1人、齊藤被告が就任。この場で熱心に次世代スパコンのプレゼンをしたことを明らかにしているのだ。

在京の経済部記者は言う。

「詐取金額は6億円余ですが、文科省分（ペジー社は返還）を含めると助成金総額は87億円余にもなります。安倍内閣、それも麻生氏への忖度（そんたく）とみられても仕方ない異常な助成金です」

菅官房長官補佐官の不可解退任の裏側

福田〝補佐官〟退任をめぐる「怪文書」

公共施設のインフラ運営権を民間事業者に売却する「コンセッション方式」の生みの親といわれた菅義偉官房長官の補佐官・福田隆之氏（39）が２０１８年11月9日付で突然退任した。同日午前の記者会見で菅官房長官が発表した。

福田氏の退任をめぐっては「怪文書」の存在が取り沙汰されていた。怪文書は10月25日に開会した秋の臨時国会の直前、永田町に出回ったもので少なくとも2通ある。福田氏の退任そのものは『産経新聞』のネットニュースが10月31日未明「菅官房長官の補佐官、近く退任へ」と短く報道したのが初めて。続いて夕刊紙の『日刊ゲンダイ』が11月2日付で「官房長官補佐官が突然の退任発表で囁（ささや）かれる怪文書騒動」と報じ、永田町で話題になっていた。

ところが、永田町では片山さつき地方創生担当相や桜田義孝五輪担当相などの大臣資質問題に焦点が移り、福田氏の辞任はスルーされてしまった。だが、福田氏の残した足跡は、国や地方自治体にとってどれもこれも、これから負の遺産となるものばかりで見すごすわけにはいかない。

その前に「怪文書」について触れておこう。

筆者の手元にある怪文書は『福田隆之についての補足』という題名。①リベート案件②女関係の2つについて告発している。先に書いたように福田氏は「ＰＦＩ」（プライベート・ファイナンス・イニシアティブの略、公共施設の設計、建設、維持管理及び運営に民間の資金とノウハウを活用し、公共サービスの提供を民間主導で行うこと）を進化させたコンセッション方式の生みの親といわれる。

怪文書では、日本初のコンセッション方式空港である関西空港と伊丹空港の2空港一体化、運営権の民間への売却をはじめ、〈静岡と北海道。北海道は7空港一体でPFIを活用しようとしている〉〈民間選定に介入することで、見返りを要求している〉としており、〈福田のバックには、外資2社が暗躍しているという〉と記述している。

もう1つの「女関係」は、北海道案件に関してだ。〈毎月、帯広に出張。市長との面会目的ながら、帯広には滞在せず、札幌へ。ススキノで女と密会しているというのは、道新（『北海道新聞』）記者の間では有名な話〉という。〈一方、東京では、溜池のANAホテルで密会を重ねる〉と書かれてある。

さらに、〈野村総研時代、2度セクハラを起こしている（中略）示談が成立したため社外には漏れていないが、社内では公然の秘密〉〈しかし、2度も起こしたことで、社内にはいられなくなり、新日本監査法人へ。新日本でPFIを大きく手掛け、静岡案件に絡むことになる〉と結んでいる。

コンセッション方式という民営化の旗手として時の人物だった福田氏は、何一つ語らず退任。より一層疑惑を深めているのだ。

突然の退任は安倍政権のレームダック化から

福田氏は１９７９年生まれ。早稲田大学教育学部卒業後、２００２年に野村総合研究所入社。公営経営戦略コンサルティング部主任研究員を経て、２０１２年３月から新日本有限責任監査法人のエグゼクティブディレクター・インフラＰＰＰ支援室長、２０１６年１月に官房長官補佐官に就任した（ＰＰＰはパブリック・プライベート・パートナーシップの略で、公民が協力して公共サービスの提供を行うスキームのこと。ＰＦＩもその１つ）。

福田氏の主な実績としては、空港経営改革の推進に関する調査（国土交通省）、富士山静岡空港経営体制検討業務（静岡県）、韓国におけるＰＰＰ／ＰＦＩ制度に関する調査（内閣府）、被災地における自然再生エネルギー分野へのＰＦＩ手法活用法検討業務など多数。

また、公職として公共施設等運営権の活用に関する有識者委員会委員、空港運営のあり方に関する検討会委員、成長戦略会議委員（いずれも国土交通省）などを務め、橋下徹＆松井一郎府市政のもとで特別参与に就任。水道事業の民営化などを検討したほか、宮城県の水道事業民営化にも関わり、最近も「水メジャー」と呼ばれる多国籍企業との癒着を週刊誌に暴かれている。外資に水道事業を売却すれば、「高価な水」を買わされる危険性があるからだ。

２０１８年の台風21号で８０００人が関西空港島に孤立した際、場内アナウンスもなく長時間乗客が放置された。その関西空港は、素人のオリックスとフランスのゼネコンによる共同運営だ。

所有者は別会社で責任者不在で大混乱した。これも福田氏が関わったコンセッション方式によるものだ。

福田氏のバックは元総務大臣で新自由主義経済の旗手である竹中平蔵東洋大学教授だ。官房長官補佐官に起用されたのは、菅氏の一本釣りといわれた。

菅官房長官は記者会見で「福田氏は民間資金の活用による公共施設の整備運営に広範な職見、経験を有しており、公共サービス改革にかかる重要事項を担当してもらう」と起用を説明した。それから約3年後、同官房長官は「(福田) 補佐官から業務に一定の区切りがついたため、辞職したいとの申し出があった」と退任理由を明かしたが、

「菅官房長官の言うことなんか誰も信用していませんよ。福田氏は菅官房長官の懐刀を自認し、高圧的で嫌われていました。〝安倍4選〟なんて声も出ていましたが、実情は大臣の体たらくと同様、レームダック化しているのが安倍政権の実態です」(政治部記者)

福田氏が残した数々のPFIもレームダック化することは目に見えている。事実、世界の「水メジャー」の仏大手・ヴェオリアやオリックスなど6社が参入し、静岡県浜松市で進められていた上下水道のコンセッション方式について、同市は2019年1月31日、延期を発表した。

森友学園文書改ざん問題の実相

安倍昭恵「総理夫人」に関わる〝事実〟の削除・隠ぺい

「基本的に総理夫人だからと思う」

２０１８年３月19日、森友学園を巡る財務省の文書改ざん問題で同省の太田充理財局長が、参院予算委員会集中審議でこう「重大証言」をしたことから議場はどよめきに包まれた。

共産党の小池晃書記局長が、改ざん前の決裁文書に政治家以外になぜ昭恵夫人の名前があったのか、問いただしたことに答弁したものだ。この太田理財局長の証言がなぜ重大なのか。それは、国有地を約８億円も値引きした森友疑惑が発覚した直後の２０１７年２月17日の衆院予算委員会で安倍首相は国有地の取引に「私や妻がかかわっていたのであれば、首相も議員も辞める」と言い切ったからだ。

財務省文書改ざん問題は『朝日新聞』のスクープ（２０１８年３月２日付）が発端。森友学園との国有地取引の際に財務省が作成した決

安倍昭恵総理夫人

裁文書について、契約当時の内容と、２０１７年2月の疑惑発覚後に国会議員らに開示した文書を巡り、「本件の特殊性」などの記述が削除されていると報じたのだ。

初報から5日後の3月7日、近畿財務局の職員が自殺。同職員は、国有地売却で森友学園側と交渉していた幹部職員の部下で「書き換えをさせられた」とのメモが残っていた。

こうした異常事態に当時の理財局長だった佐川宣寿（のぶひさ）・国税庁長官は辞任（3月9日）。国会内外からの批判の高まりに財務省は3月12日、決裁文書の書き換えを認め、国会に調査報告書を提出した。それによると、8億円の値引きが発覚した２０１７年2月以降、14件の文書を意図的に改ざん。削除部分には、安倍首相や昭恵夫人、複数の政治家の名前などの記述があった。

例えば、平成27（２０１５）年1月8日付の書き換え前文書。

〈産経新聞社のインターネット記事（産経ＷＥＳＴ産経オンライン「関西の議論」）に森友学園が小学校運営に乗り出している旨の記事が掲載。記事の中で、安倍首相夫人が森友学園に訪問した際に、学園の教育方針に感涙した旨が記載される〉

同年1月29日付（同）では、

〈近畿財務局から豊中市に「森友学園と本財産の契約を締結することを証する」旨の文書を提出してもらいたいとの要望あり。

なお、打ち合わせの際、「本年4月25日、安倍昭恵総理夫人を現地に案内し、夫人からは『いい土地ですから、前に進めて下さい。』とのお言葉をいただいた。」との発言あり（森友学園籠池理事長と夫人が現地の前で並んで写っている写真を提示）〉などと昭恵夫人が国有地を森友学園に売却することを指示する内容が記載されていた。安倍首相がいくら否定しても、消し去ることができない事実が削除され、隠ぺいされていたのだ。

大阪地検は〝忖度〟捜査で不起訴

一方、削除前の決裁文書の公開を受け、政府は理財局の書き換え指示を認定したうえで、事前の価格交渉を否定するなどした佐川氏の国会答弁との整合性を取るためだと釈明。ついこの前までは国会で佐川氏の国税庁長官就任を「適材適所」と持ち上げていたのに、麻生太郎財務大臣は佐川氏が辞任した途端、手のひら返しで「佐川が、佐川が」と呼び捨てにし、「最終責任者は佐川」と断定した。

自らに責任が及ぶことを避けるための、いわばトカゲの尻尾切りに、与党自民党内でも批判が続出。国民から「麻生辞任」、さらに「安倍内閣総辞職」の声が上がり、安倍内閣の支持率は軒並み急落。30％台に落ち込む反面、不支持率は40％台にまで上昇。「第2次安倍政権の最大の危機」と言われるまでになった。

佐川宣寿前長官

こうした世論の高まりに、ようやく佐川氏の衆参両院での証人喚問が27日に決まったわけだ。

大阪地検に近畿財務局職員らを背任容疑で告発している『国有地低

額譲渡の資金解明を求める弁護士・研究者の会』の上脇博之（かみわきひろし）・神戸学院大学法学部教授は、今回の財務省文書改ざん問題についてこう指摘する。

「これは明らかに書き換えではなく、改ざん。刑法上、公文書に関する犯罪の可能性が高いものです。官僚の一存だけではなく、忖度（そんたく）の枠を超えたものです。不当な値引きが行われたわけですから全体の真相を解明するには、佐川さんの前の理財局長、そして安倍昭恵夫人、同夫人付きの谷査恵子氏を含め、複数の関係者を国会で喚問する必要があります」

一方、自殺者まで出した森友問題について捜査を進めている大阪地検は、いまどうしているのか。事件を取材している社会部記者は、冷ややかな面持ちで語る。

「実は昨年（２０１７年）暮れ、告発案件について不起訴処分の話が出て、その後、この３月末にはもう終わり、として一件落着の方針だったんです。そこへ『朝日新聞』が改ざんをスクープしたことから、野党の攻勢が強まり、佐川長官のクビが飛びました。いまは国会の動きや世論の様子見をしている状況です。大阪地検特捜部は、すべて最高検と協議しながら捜査を進めており、完全に政治マターです」

国会で野党が安倍首相、麻生財務大臣を追及している最中、自民党の有力議員の１人はこう言い放った。

「大阪地検はやらないよ」

随分なめられた話である。しかし、公文書改ざんではすでに新たな告発が出され、今後、同様の告発が続くことは必至だ。

先の社会部記者は諦め顔でこう断定する。

「ちょうど人事異動の時期で、捜査に携わってきた検事らがそれなりの人数で異動します。こうなると、事実上の仕切り直しになる。事件に着手するかどうかを含め、これから先、まったく見通しが立ちません」

大阪地検もまた、忖度捜査ということになるのか。

野党質問の「甘さ」とズレが真相究明を遠ざけた

「（改ざん文書を）いつ見たかどうか、刑事訴追の恐れがあるので、答弁を差し控えさせていただきたい」

公文書の改ざんという民主主義の根幹を否定した「最終の責任者」（麻生太郎財務大臣談）である佐川宣寿前国税庁長官は、３月27日に行われた衆参両院予算委員会の証人喚問で証言拒否を乱発した。

その回数は55回。佐川氏がその理由にしたのは、市民団体からの告発を受けた大阪地検特捜部の公用文書等廃棄の捜査対象になっているからというものだが、その一方で文書改ざんについては、「官邸からの指示はなかった」と、安倍首相夫妻や麻生財務大臣などの関与を全面的に否定した。反対に「（改ざんは）理財局の中で行われた」と責任を当時の部下に押し付けるなど、忖度と自己保身に終始した。

佐川氏の証人喚問を終え、自民党幹部からは「山は越えた」と幕引きを図りたいようだが、「到底、国民が納得できるものではなかった」という声は根強い。

証人喚問について、政治部記者はこう解説する。

「官邸は証人喚問をシナリオ通りうまくいったと見ているが、国民が納得したということではありません。佐川氏は、安倍夫妻を守ることを前面に出す一方、部下の自殺については〝よく知らないので答えられない〟と答弁。市民からは〝あれはひどい〟という声が数多く出ている。佐川氏には自分が何を起こしたかの自覚がない。ただ、証言拒否を連発させたのは、野党の質問が甘かったからではないか。そもそも、今回の証人喚問は佐川氏の公文書改ざんという国家公務員法違反だった。それを野党は森友事件追及に注いだ」

その野党質問の「甘さ」の理由について、自民党のベテラン議員の1人もこう指摘する。

「聞くべきことは森友事件ではなく、公文書改ざん問題だった。なぜなら、佐川氏はその当事者だからだ。森友事件ではない。そこでズレが生じた。だいたい、安倍昭恵夫人が誰に相談して名誉校長に就任したのか何も明らかになっていない。佐川氏は国会答弁を担当しただけで、8億円の値引き事件そのものは国会で問題になる前、迫田英典元理財局長、同じく武内良樹前近畿財務局長の時代に起こったことであり、事件を追及するには彼らを喚問するしかない」

佐川氏の証人喚問を終え、野党は昭恵夫人、夫人付き職員だった谷査恵子氏、迫田元理財局長、武内前近畿財務局長の喚問を強く要求しており、まだまだ与野党の攻防は続く。

「4月末に佐川氏事情聴取」で終わり⁉

　ところで、佐川氏が証言拒否の理由に挙げた大阪地検特捜部の捜査はどうなっているのか。佐川氏の証人喚問直前には「ゴールデンウイーク明けにも佐川逮捕」情報が流れたが、事件を取材している社会部記者は「大阪地検は終始、事件にはならないとみている」と、捜査の今をこう語る。

「地検は、文書の改ざんは単なる訂正で、犯罪にあたるとは解釈していない。数字を書き換えるなどしていたのなら問題だが、という考えです。いまの流れからいうと、4月末に本人から事情聴取して、それで終わりということになる」

　事実、大阪地検は2018年5月31日、佐川元理財局長ら計38人を不起訴処分にした。これを不服として市民団体などが、大阪検察審査会に審査申立書を提出。今年（2019年）4月末ごろには審査結果が出る見込みだ。

籠池泰典

　森友文書改ざん問題は、安倍首相の9条改憲発言のネタ元である日本最大の改憲右派組織『日本会議（にっぽん）』をも直撃、同団体は火の粉を振り払うのに必死だ。

　削除された文書の「学校法人森友学園」の概要等の説明で、籠池泰典氏は〈日本会議大阪代表・運営委員〉、超党派による『日本会議国会議員懇談会』の役員には、〈特別顧問として麻生太郎財務大臣、会長に平沼赳夫議員、副会長に安倍晋三総理らが就任〉と記載されていたからだ。このため、日本会議は3月13日、〈森友問題に関する文書書き換えについての日本会議の立場〉と題する声明を発表。

〈そもそも財務省が「決裁文書」で籠池理事長（当時）が関与している団体として、日本会議及び日本会議国会議員懇談会を記述したこと自体、的外れなものであり、事実から大きく逸脱。籠池氏は、平成23年1月に、年度会費が切れたことを契機として、自ら退会を申し出た。財務省関係者に配布していた名刺の役職である「日本会議大阪代表・運営委員」は虚偽である。籠池氏と本会との関係は7年前に消滅している。今回の財務省の決裁文書の書き換え問題に関し、日本会議に疑惑の目が向けられるいわれはない。日本会議は学校設立や国有地払い下げについて便宜を図るなど一切関与していない〉

最後に〈財務省の決裁文書に日本会議に関する事項がなぜ記載されたのか、また、国会に開示する段階でなぜ削除されたのか、依然不透明な部分が多く、1日も早い真相究明が求められる〉と主張している。

日本会議は国民投票の過半数である3000万票獲得を目指し、「改憲賛同署名1000万署名」を2018年2月に達成したと発表している。

仮想通貨の闇を垣間見せたコインチェック事件

約５８０億円分の仮想通貨「ＮＥＭ」の流出

「小遣い稼ぎで株をやっていて、毎日スマホでいろんなレートをチェックしてますわ。円相場、金の価格、米国の長期金利といろんなレートはすべてつながっていて国境はありません。世界では、仮想通貨は２００９年頃から運用が始まったといわれ、日本の上場企業も参入し始めたんです。それで、株を買うか、仮想通貨を買うか、どっちにしようかと迷ったんですが、仮想通貨の方が儲けが桁違いに大きい。そんなところに日本の一大証券グループが仮想通貨に参入したので、２０１７年12月初めに４種類計20万円分の仮想通貨を買いました。そしたら、グーンと上がって50万円になり、これはいけると喜んでいたら下がりはじめ、30万円になったので、ここで売って10万円の儲けになりました。その後、２回目に10万円を投資して、18万円まで上がり８万円儲けました。それで３度目に10万円投資して買いましたが、下がりっ放(ぱな)しでもうあきまへんわ」

株のほか、新たに小遣い稼ぎで仮想通貨を買った大阪府内の自営業者のＲさん（45）は、こう言ってため息をついた。

２０１８年1月26日に発覚した取引所大手『コインチェック』から約５８０億円分の「NEM（ネム）」が流出した事件で、一躍注目されることになった仮想通貨について、業界に詳しい証券業界関係者は「コインチェック事件は当初から予想されていたこと」と、仮想通貨業界の現状について次のように解説する。

「少し前の２０１６年5月、国会で『ビットコイン』などの仮想通貨について国内で初めての規制となる改正資金決済法が成立し、２０１７年4月1日から法律が施行しました。しかし、世界の基準から見たら規制は非常に甘い。東京証券取引所など各証券取引所は、株や債券、為替といった金融商品取引法に基づくものですが、仮想通貨は資金決済法に根拠を持つもので、電子マネーやTポイント、子供たちのトレカと同じ。ただの仮想の〝モノ〟です。

もっと分かりやすく言えば、競馬のノミ屋と同じですよ。インサイダーや価格操作はやり放題で、詐欺やマネーロンダリングなどいくらでもやれます。暴力団など反社会的勢力が大儲けしようとして資金を出しているとか、とにかく悪い噂が多い。

取引所といわれていますが、仮想通貨の売買をやっている業者がそのまま取引所をやれる1人2役なので、どんなことでもできるんです。例えば、ワンコイン１００万円で仕入れて１３０万円で売れれば、30万円の利ザヤを稼ぐことができる。仮想通貨を取り扱う業者は金融庁に届け出をし、認められれば登録業者になることができますが、今回、５８０億円の流出事件を起こした

『コインチェック』は未登録業者でした。届け出中ということで、みなし業者として取引をやっていたんです。正式に法律で認められていない業者が、実際にはとんでもない金額の取り引きを行っていた。そんな会社が事件を起こすほど日本の規制はユルユルなんです」

この証券業界関係者によれば、日本でいま仮想通貨交換業者は32社あるといわれ、うち16社が登録業者で、残りの16社はまだ申請中のみなし業者だという。

その1社が今回事件を起こした『コインチェック』だったのだ。

仮想通貨を支援する政治家の存在

『コインチェック』を会社設立時から知る別の金融業界関係者は「ここまで化けるとは思わなかった」として、こう振り返る。

「2年ほど前、ラブホテル街で有名な東京・渋谷の円山町にあるマンションの1室で数人から始めたのです。その後、渋谷駅前のビルに移り、タレントの出川哲朗を広告塔にしたテレビＣＭや、トラックで派手な宣伝を始めて一気に有名になりました。５８０億円を失ったのに〝総額４６０億円返金する〟と発表したのは、それだけ儲けて資金もあるということなんです。銀行や証券会社が似たような不祥事を起こしたら業務停止命令が出て倒産ですよ。ところが、金融庁が『コインチェック』に出したのは、いまのところ〝業務改善命

福田峰之

茂木敏充
経済再生大臣

令〟と立ち入り検査ですからね」

２０１８年現在、日本での仮想通貨の取り扱い額は13兆円。うち12・３兆円を上位５社で占めている。まさに独占状態だ。１位は『ビットフライヤー』で８兆円、次いで２位は今回事件を起こした無登録業者の『コインチェック』の３兆円だ。


先の金融業界関係者は、こう続ける。

「仮想通貨が暴騰したのは、２０１７年11月と12月、そして１８年１月の３ヵ月間だけ。なぜかというと、16社の金融庁への登録が完了したのが１７年９月末だったからです。それまではみんな疑心暗鬼だったのが、登録で信用されるようになったからです。事件を起こした『コインチェック』なんか未登録ながら１ヵ月で２００億円も儲けていました」

この仮想通貨業界には応援団がいるという。

その一つが「仮想通貨の守護神」とされた元自民党議員の福田峰之氏（２０１７年の衆院選で『希望の党』に鞍替えし落選）が事務局長を務めた『自民党フィンテック推進議員連盟』（２０１５年12月設立、会長・平井卓也衆院議員※フィンテックとは、金融と技術を組み合わせた造語）。

そして、有権者への線香配布を国会で追及され窮地に立たされている茂木（もてぎ）敏充・経済再生担当大臣が委員長を務める『自民党経済構造改革に関する特命委員会』だ。２０１７年４月、同委員会はフィンテック推進を掲げた最終報告書をまとめている。

コインチェック事件は、異次元の規制緩和とアベノミクスがもたらした、それこそ、「悪魔の仮想経済空間」と言っていいかもしれない。

NEMを不正に流出させたハッカーの追跡は不可能⁉

「連休明けの2月13日、約580億円分の仮想通貨『NEM』を流出させた仮想通貨交換業者『コインチェック』が、顧客から預かっていた日本円の出金を再開し、要請のあった401億円を返金したので、とりあえず、騒ぎは沈静化すると思います。しかし、流出した『NEM』の所有者約26万人の補てん総額460億円の補償時期はまだ未公表。不安は払しょくしきれていません」

コインチェック事件の推移を注視していた金融業界関係者はこう言って、「事件の当面の山場は越えたが、まだ未解決の問題が山積している」と語る。

日本円の出金は再開できたが、他のすべての仮想通貨の出金については再開の目途はたっていない。「『NEM』の相場が下落して、他の仮想通貨と交換できない事態に陥る可能性がある」(同)のだ。

こうした不安から2018年2月1日、東京の弁護士が顧客を原告にして現金払い戻しと、『NEM』の返還を求める訴訟を2月中にも東京地裁に起こすことを明らかにした。これとは別に、払い戻しを求める被害者団体が集会を5日に開催。同日、30代の会社員も購入費用の返還を求める訴訟を東京簡裁に起こしている。『コインチェック』社の補償がスムーズにいかなければ、訴訟ラッシュは必至の情勢だ。

警視庁サイバー犯罪対策課は、約580億円もの『NEM』流出の捜査を進めている。

不正流出は1月26日未明に発生し、ハッカーは同日中に関係する計10口座に分散され、30日以降は無関係とみられる口座に少額で断続的に送金。2月1日以降、新たに送金を始め、一部報道によると、すでに400を超える口座に散らばっているという。

一方、流出した『NEM』の一部を日本人男性が「ダーク(闇)ウェブ」と呼ばれる匿名性の高いインターネット空間で別の仮想通貨と交換していたことが判明。警視庁はこの男性を事情聴取している。

「日本円にして当時5億円、現在は下落したが、3億円を超える『NEM』が交換された可能性がある」(捜査関係者)

ハッカーは突き止められるのか。在京の社会部記者はあきらめ顔でこう言う。

「我々も仮想通貨についてにわか勉強しているところ。警視庁サイバー犯罪対策課も似たようなもので、だいたい仕組みが分からない。今回の流出直前に、欧米からの不正アクセスやロシアへの送金が分かっていますが、ネット上の闇取引、ましてや世界中から不正アクセスが可能なので追跡はほぼ不可能だと思います」

「天下り」という金融庁〝大甘処分〟の理由

さて、監督官庁の金融庁はどう動いているのか。事件を起こした『コインチェック』に対して業務改善命令、立ち入り検査を行ったが、9日までに、改正資金決済法に基づいて大阪市の『テックビューロ』と東京都の『GMOコイン』の2社に立ち入り検査を行った。

「今後、全交換業者の立ち入り検査を行うとしているが、『コインチェック』のような〝みなし業者〟でも営業できる甘い登録制、しかも、巨額流出事件を起こしたにもかかわらず、当初は業務改善命令だけで済まそうとした金融庁に対して、安倍官邸は〝大甘処分〟と激怒していた。菅官房長官の指示で立ち入り検査になったと言われており、背景には、菅官房長官と麻生財務相の確執があったそうです。まあ、菅官房長官としては、ポスト安倍が騒がしくなる中、この際、麻生財務相を追い詰めたい、その好機と見たんでしょう」（政治部記者）

仮想通貨の相場は２０１７年末に２２０万円台だったが、現在は90万円台前半。専門ニュースサイトによると、１７年12月17日から2月5日までの51日間で64・５％も値下がりし、時価総額は約36・７兆円まで暴落している。

先の金融業界関係者は、今後の業界についてこう分析する。

「各国が規制を強めていますが、日本も好むと好まざるとにかかわらず強化しなければならないでしょう。それこそ闇で取引していた中国・マカオの交換業者に今回の事件を契機にやっと警告を発しました。それにしても、仮想通貨業界は反社会的勢力の資金源、マネーロンダリングなどやりたい放題。よくもまあ、ここまで野放しされてきたことに驚きを感じます」

金融庁は、規制はあってなきがごとしの届け出制、そして未登録のみなし業者の営業まで容認していた。背景には「元金融庁長官の業界天下り」が指摘されているのだ。

元金融庁長官とは、現在、弁護士登録している日野正晴氏。同氏は2017年3月、東証2部上場のエネルギー関連事業者の『リミックスポイント』（東京・六本木、小田玄紀社長）の子会社で仮想通貨交換業登録業者である『ビットポイントジャパン』の特別顧問に就任していたのだ。親会社の『リミックスポイント』の元社長は、旧住友銀行取締役で元楽天副会長の國重惇史氏。同社は過去に半期報告書虚偽記載で金融庁から課徴金納付命令を受けたり、ミニコミ紙で記事になるなど、なにかと話題の会社だ。

仮想通貨の実体は、ブロックチェーンという暗号技術を使ったインターネット上のデジタル記号。政府の信用で通用する円やドルなどの法定通貨と違い、紙幣や硬貨のような形はない。発行、管理者はなく、値打ちは保証されていない。

乱高下の激しい危ない、それこそ〝仮想通貨〟にもかかわらず、金融庁は終始規制に消極的で、財界も同じである。

業界の1社に元金融庁長官が天下りというのだから、筆者もコインチェック事件の背景を追ううち、「なるほど」と合点がいった。

大阪・羽曳野市政を牛耳った〝ミニ浅田〟の錬金術

長年の付け届けによる「羽曳野市役所の実態」

２０１８年10月、農地を無許可で駐車場にしたとして農地法違反容疑で大阪府警に逮捕された大阪府羽曳野市の不動産会社『大黒住建』社長、堀内勉被告と親族で同社取締役の愛知浩被告に対して、大阪地裁は２０１９年１月８日、堀内被告に懲役１年、愛知被告に懲役10ヵ月、それぞれに執行猶予３年の有罪判決を言い渡した。

堀内被告は、羽曳野市では「食肉の帝王」と呼ばれ牛肉偽装事件で有罪になった食肉卸業『ハンナン』の浅田満元会長になぞらえ〝ミニ浅田〟と言われるなど、市政に大きな影響力を持ってきた知る人ぞ知る有名人である。

判決によると、堀内被告ら２人は共謀し、２０１６年６月、羽曳野市農業委員会事務局に対して市内の別人が所有していた農地約５００平方メートルを農業従事者の経歴がないにもかかわらず、「野菜」を作るなどと嘘の許可申請を行い、同年７月上旬、農業委員会から所有権移転の許可を得た。

そして、別に取得した隣接地の農地約1000平方メートルと合わせた計約1500平方メートルについて、同月20日頃から8月下旬にかけて、大阪府知事の許可を受けないで、排水管を埋設した上、盛土をして埋め立てるなど整地、造成。整地した土地は運送会社に貸与していた。

2人は、これまでにも農地の違法転用を羽曳野市から指摘されるなど、調整区域の強引な開発で利益を上げていたことは地元では公然の秘密だった。今回の農地転用事件では、同市農業委員会事務局の職員（市出向職員）と農業委員の2人も事情を知りながら移転手続きを進めたとして、農地法違反幇助容疑で書類送検された。

それにしてもなぜ、大黒住建の違法行為がまかり通ってきたのか。背景にあったのは羽曳野市への長年の付け届けだ。

大阪府警が捜査で押収した資料の中に、贈答品リストがあり、北川嗣雄（つぐお）市長や幹部職員ら数十人が過去2年間で少なくとも400万円相当の贈答品を堀内被告から受け取っていた。贈答品はウナギ弁当や恵方巻、箱詰のブドウ、リンゴなど。

市関係者の1人は、声を潜めて羽曳野市役所の実態をこう明かす。

「堀内さんから秘書課に電話が掛かってきて、職員が公用車でもらいに行くというのが慣例になっていました。贈答品は幹部職員だけではなく、一般職員もおすそ分けにあずかっていました。市職員の参加する会合などで弁当を差し入れたり、職員の昇進祝いを渡したり、庁内ではみんなが知っていたことです。始まったのは10年ほど前から。リストにあった４００万円相当の贈答品以外に、何かあっても不思議ではありませんが、その贈答品リスト以外は〝何も警察にしゃべらなかった堀内さんは偉い〟と公言する市関係者もいますよ」

10年ほど前といえば、それまで羽曳野市政を支配してきたハンナンの浅田元会長に実刑判決が下り、影響力が急速に低下していた時期と重なる。北川市長（２００４年初当選、現在４期目）の1期目から2期目だ。

市職員の情実採用という〝黒い噂〟

堀内被告を知る住民の１人はこう語る。

「地域の区長も務める有力者ですわ。地域の集まりなんかで飲むときなど費用は全部、堀内さんが出します。自宅は和風の豪邸で、家の中では高級腕時計のロレックスをそこらへんにポンと置くなど、とにかく大金持ちですわ」

北川嗣雄市長

今回の事件について社会部記者が解説する。

「大阪府警は当初、汚職事件として内偵していました。しかし、贈答品は職務権限がない幹部職員にも贈られていたことで特定の幹部職員を立件するのが難しくなり断念。結局、これまで噂されていた農地法違反容疑で堀内被告らを逮捕することになったのです」

羽曳野市の職員にとっては「みんなでもらえば怖くない」を地で行く話だが、同市にはまだまだ深い闇がある。

「金品の授受を伴った市職員の情実採用の噂が絶えないのです。１人３００万円とか、合格点に足りない受験者は２００万円で下駄を履かせてもらうとか……。他市の人から〝羽曳野市は職員採用試験を受けても受からない〟と言われているほどです」（前出・羽曳野市関係者）

職員への贈答に加えて、不正採用の噂が事実だとすれば、羽曳野市役所の腐敗ぶりは底なしだ。

書類送検された農業委員会メンバーも、肉や酒の贈答品をもらっていたことが分かっている。

農地法違反事件と表裏一体の関係にある贈答問題について、北川市長はどう弁明しているのか。

２０１８年11月2日、同市のホームページで北川市長は〈農地法違反事件に関連して、本市の特別職や幹部職員等が容疑者から相当な金額の物品の提供を受けたなどとする報道がなされたことについては、非常に遺憾であります〉と、まるで他人事のようなコメントを発表。併せて、堀内被告からの贈答が慣例化していたことについて、次のような信じがたい見解を示しているのだ。

〈本市といたしましては、不動産会社社長としてではなく、地域の区長としての交際であり、社会通念上、許される常識の範囲内のものであり、法令・条例等に抵触するものではないという認識であります〉

２０１８年12月7日の市議会一般質問で、北川市長は贈答には一切触れないまま、「一区長との付き合い」と従来の主張を繰り返した。

市長を筆頭に幹部職員なども公務員であることを忘れた、感覚マヒのトンデモナイ役所になっている。

マルチ商法「ジャパンライフ」の暗黒史

ジャパンライフ事業を〝教訓〟にした「WILL」

２０１７年12月、負債総額約２４００億円を抱えて経営破たんした連鎖販売取引（マルチ商法）大手『ジャパンライフ』の元社員らによる新たなマルチ商法で第２の被害が出ていることが分かった。

２０１８年12月５日に開かれた参院消費者問題特別委員会で取り上げられ、消費者庁は同21日、連鎖販売取引（マルチ商法）業者の『ＷＩＬＬ』（ウィル）（東京都渋谷区）に特定商取引法違反（不実告知など）で15ヵ月の一部業務停止を命じた。同社の２０１７年９月期の売上げは約１２５億円で、契約者数は数千人規模。同法違反による業務停止としては過去最長だ。

ウィル社を取り上げたのは日本共産党の大門実紀史（だいもんみきし）参院議員。大門氏の質疑によると、ウィル社の手口は、高齢者を中心に1セット（8台）のテレビ電話を約60万円で購入させ、3年で20％の利息をつけて72万円のレンタル料を支払うというもの。セミナーに知人を連れてきて新たに契約させれば4万円、その友人が新しい契約者をつくればさらに1万円の手数料が入るとうたうなど、健康器具がその道具になった『ジャパンライフ』同様、典型的な預託商法、いわゆるマルチ商法なのだ。

消費者庁によると、ウィル社に関する相談件数は年々増加し、2014年度は7件だったのが、17年度には88件、18年度には年度途中ですでに57件発生、全国の消費生活センターには16年度以降で301件の相談があった。

大門事務所に寄せられた被害者の相談事例を2つだけ紹介しよう。

「ウィル社に250万円払って、自分も30人ぐらい知人を勧誘してきた。中には会社から約束のお金が入ってこないと文句を言っている人がいるが、会社からはセミナーに参加しないと支払わない、人を連れて来ないと約束したお金も支払わないと言われた」（48歳の女性）

「88歳の一人暮らしの母親がウィル社のレンタルテレビ電話に1000万円つぎ込んでいる。のめり込んだきっかけは、ジャパンライフの健康食品や健康器具を会員制で購入してきたこと」（被害者の息子）

大門氏は、ウィル社の幹部にはジャパンライフの元役員、社員が多数いることを明らかにし、ジャパンライフの会員名簿を入手して勧誘している疑いがあると指摘した。

さらに、ジャパンライフは在庫がないのに、あたかもレンタルしているかのように装って預託商法を展開していた。しかし、ウィル社はジャパンライフの偽装がバレて消費者庁に行政処分を受けたことを〝教訓〟にし、レンタル電話1個、1個ではなく、契約したらレンタル電話に差し込むＳＩＭカードを本人にいっぺん送り、それを送り返してもらうという手の込んだ手口を使っていた。

このレンタル電話は海外でも事業展開しているということで、ＳＩＭカードを海外支社に送っていることにしているという。そうすれば、消費者庁がおかしいと思って海外まで出向いて行っても、ＳＩＭカードが本当に存在するかどうか確認できないだろうということが理由だ。まさにジャパンライフの上手（うわて）をいくレンタル商法であることを浮き彫りにした。

「連鎖販売取引」の記載なく営業

大門氏はネットニュースサイト『ハンター』の記事（２０１８年11月30日付）を紹介し、特定商取引法違反の疑いがあることも追及。たとえば、ハンター記者の取材にウィル社は、同社で開発したという「ｗｉｌｌｆｏｎ」という電話機の中にあるＳＩＭカードを契約者に購入してもらい、それをウィル社にレンタルするという形で送り返してもらう。そのＳＩＭカードが入った海外のホテルなどに置かれているさまざまな種類の「ｗｉｌｌｆｏｎ」を、海外出張した日本人や永住している日本人に提供して、使用料を「レンタル料」として会員らに支払うという。

ハンター記者の「レンタルオーナー契約になるのか？　レンタルオーナー契約だと、企業が途中で潰れて元本が戻らないこともあるが、そういった心配はないのか」との質問に、「レンタルオーナー契約ですが、その心配は特にいらないです。大丈夫です」と回答。また「ウィル社に知人や友人などを紹介するとマージンなどがあるのか」との質問には、こう答えている。

「こちらは連鎖販売取引というかたちをとらせていただいております。ご契約をされた後に勉強会に参加していただき、その後、他の方をご紹介していただくと、その分お金が入ってくるかたちをとっています。具体的には1人紹介すると4万円、紹介したご友人が別の方を紹介するとさらに1万円が入ってくることになります。ご友人を紹介できれば元本は取り戻しやすい仕組みですね」

ウィル社は堂々と預託商法、マルチ商法であることを公言しているが、同社のホームページには「連鎖販売取引」とは表示されていない。特定商法35条では「連鎖販売取引」の場合は広告義務があるが、ウィル社は明らかに違反していた。

大門氏の追及に、答弁に立った消費者庁の小林渉審議官は「指摘の事実が確認できれば、特商法違反を構成する可能性がある」と答弁した。この日の国会での質疑が12月21日のウィル社の一部業務停止に繋がったわけである。

ウィル社のマルチ商法には、ドス黒い背景がある。大門氏は、野党議員が同社の広告塔になっていることを指摘。ルーツは『ジャパンライフ』にある。
このジャパンライフには、警視庁の捜査が入っている。

破産決定時の負債総額240億円、債権者7000人超

磁気ネックレスなど健康グッズの預託商法を展開し、経営破綻したマルチ商法大手の『ジャパンライフ』（東京都千代田区、破産手続き中）。2018年3月の破産開始決定時の負債総額は約240億円で、債権者は国内だけでも約7000人に上る。

原価が1個8000円から1万円の健康グッズを数十万円から数百万円で高齢者に販売。1人当たりの平均購入額は2000万円近い。同社は顧客が購入した磁気ネックレスやベストなどを預かり、別の人にレンタルして年6％の配当を顧客に支払うという「レンタルオーナー制度」の預託商法を展開していた。

2018年11月、東京都内で開かれた第1回債権者集会での破産管財人の説明によると、同社は自転車操業状態で、10年以上前から粉飾決算を行い、残資産は不動産など4億円程度。一方で税金や支払い賃金の債務は10億円以上といい、債権者への返済は見通せない実情が明らかになった。

債権者集会に出席した同社の創業者である山口隆祥（たかよし）元会長は謝罪したものの、「誤解されている。詐欺師呼ばわりされている。悔しい」などと弁明。会場から「お金返して」と怒りの声が飛

び交った。

同社は1975年設立。37都道府県に約80店舗を持つ。山口元会長は日本のマルチ商法の草分け的存在の1人で、1970年代、「ジェッカーチェーン」という会社でマルチ商法を展開。1975年12月、衆議院物価問題等に関する特別委員会で行われた「マルチ商法」「悪徳商法」の集中審議で参考人招致された。

多大な被害を広げた末、同社は倒産。ジャパンライフは同社が倒産する前年に設立された会社で1980年代、再びマルチ商法で急成長したが、山口元会長は1983年に法人税法違反で告発され有罪が確定した。

羽毛ふとんのマルチ商法を行っていたジャパンライフ問題で、1985年12月には、衆議院商工委員会で集中審議が行われた。ジャパンライフに消費者庁が初めて行政指導したのは2014年9月。「書面の記載不備」の文書通告だけという軽いものだったが、翌15年9日、消費者庁は同社に立ち入り検査を行った。16年12月には、初めての行政処分となる3ヵ月の一部業務停止命令、2度目は9ヵ月（17年3月）と、合計で12ヵ月の一部業務停止命令を出した。

理由は「故意による事実不告知」「書類の虚偽記載」など。具体的には同社が取り扱う商品の1つ、磁気ネックレスについてだ。顧客から預かった約2万2000個のうち、実際にレンタルされたのは2000個余りで約2万個は存在しなかった。現物まがい商法、ペーパー商法とも言われる所以である。

長期の被害救済放置の政官＋マスコミ工作

ジャパンライフが破たんするまでに全国の消費者センターに毎年１５０件、過去10年間で１０００件以上の相談が寄せられていた。

それにしてもなぜ、こうも長期にわたって被害救済が放置されてきたのか。ジャパンライフ問題を国会で繰り返し追及してきた前出の日本共産党の大門実紀史参院議員の質問からその真相を追っていくと、浮かび上がってくるのはジャパンライフによる政官工作だ。

２０１７年4月5日の参議院消費者問題特別委員会。大門議員は一部業務停止命令が１５年９月の立ち入り調査から1年３ヵ月も遅れた背景に、消費者庁の課長補佐が同社に天下りしていたほか、複数の高級官僚ＯＢが同社の顧問などに就任していたことを指摘した。

大門議員が特に問題視したのは、元内閣審議官で内閣府国民生活局長を歴任した人物。同社の顧問だけでなく、山口元会長も理事会メンバーであるＮＰＯ法人『活生（いきいき）ライフ』の理事長に就任。

加藤勝信総務長官

同団体は「お年寄りの人生最後の時期をサポート」と身元保証人や遺言書作成、財産管理のサポートを目的にしている。しかし、ジャパンライフ本社近くの雑居ビルにある本部事務所は空き室状態で、全国に置かれている「支店」はジャパンライフの支店と住所も電話も同一という、実態が不透明な団体だった。大門議員は「この人物は、山口会長と一蓮托生でお年寄りを食い物にしてきた」と厳しく追及した。

天下り官僚だけではない。政治家も深く関わっていた。同議員が入手したお中元リストには、安倍首相や麻生財務相など政治家約30人の名前があった。また、下村博文(はくぶん)元文科相へは政治献金をしていると指摘した。

さらに、同年4月11日の参議院財政金融委員会では、安倍首相の最側近で重責閣僚である加藤勝信・一億総活躍担当大臣（当時、現・自民党総務会長）がジャパンライフの広告塔になっていたことを暴露した。

ジャパンライフが1回目の業務停止処分を受けた後の２０１７年1月13日、加藤大臣と山口会長（当時）が会食。「ジャパンライフの取り組みを非常に高く評価していただいた」と宣伝するチラシを会員に配布していたのだ。しかも、２人は2回も会っていた。

『日本消費経済新聞』（２０１８年2月5日号）によると、１７年1月27日、自民党の「二階俊博幹事長を囲む会」が山口元会長主催で開かれ、官邸御用ジャーナリストら著名なマスコミ人も参加していた。メディア工作も行われていたと疑うべきで、実際、『朝日新聞』の元政治部長は同社顧問に就任（２０１７年退社）していた。

２０１８年11月、マスコミは警視庁が捜査に着手と報じたが、２０１９年2月20日現在、まだ事件化していない。

第3章

「王将」社長殺人事件の裏

京都府警が事情聴取した〝重要参考人〟

現在も実施されている91人の捜査体制

「餃子の王将」を展開する『王将フードサービス』（京都市山科区、渡邊直人社長）の前社長、大東（おおひがし）隆行さん（当時72）が射殺された事件は２０１７年12月で発生から4年を迎えた。

京都府警は延べ10万人の捜査員を投入し、２０１８年現在も91人体制で捜査。しかし、捜査幹部から聞こえてくるのはため息ばかり。追い打ちをかけるように最近、捜査員の大失態の噂も駆け巡っている。手詰まり状態で内外から「迷宮入り」の声が上がっているのだ。

王将社長射殺事件――捜査の今と事件の背景について改めて検証した。

「実は、この7月上旬、ＤＮＡ型が一致した例の暴力団組員を京都府警の捜査員が事情聴取したんですわ」と２０１７年夏、発生から3年半が経過した王将社長射殺事件について取材している大手マスコミ社会部記者が捜査の近況について筆者にこう耳打ちした。内心「えっ」と驚いた。

この社会部記者に会う直前に、件（くだん）の組員が大麻取締法違反（所持）容疑で福岡県警に逮捕されたとの情報を得ていたが、まさか大麻事件で京都府警が事情聴取するまでに至っていたとは思わなかったからだ。

事件発生後、同じ九州を拠点とする組の2次団体幹部を一度、京都府警が事情聴取したが、本人は黙秘し撤退した先例がある。今回、聴取したのは、同じ組だが別の2次団体幹部で、それも犯行現場近くで発見されたタバコの吸い殻から検出した同じDNA型の持ち主ということで、京都府警が重要参考人として、その動向をマークしていた人物だ。

ここでいうDNA型一致の組員とは、事件が発生してから2年目を迎えた直前の2015年12月、メディアが一斉に報道した九州の暴力団幹部組員のことである。先の社会部記者が話を続ける。

「ええ、京都府警が犯行の見届け役ではないかとして、その動向をずっとマークしてきた最重要参考人がこの7月初旬に大麻所持容疑で福岡県警に逮捕されたんです。九州北部豪雨災害の最中で、報道したのは一部の大手メディアだけ。それもベタ記事だったので、目立たなかった。京都府警は、福岡県警が摘発した大麻事件で、最重要参考人本人からやっと事情聴取できる機会が得られたんですが、供述が取れず、府警の捜査員は引き上げました。それまで捜査幹部は〝事件解決は難しい〟と漏らしていましたから、これでより一層遠のいたのではないか」

事件発生の詳細とこれまでの捜査経緯

事件は2013年12月19日午前5時45分頃、京都市山科区の王将本社前の駐車場で発生した。

殺害された大東前社長の自宅は、本社から北東に約1キロメートル離れたところにあり、この日も1人でベンツを運転し出社。駐車場に車を停めて降りた直後、至近距離から4発の銃弾を受けて死亡した。

まだ日の出前の薄暗い時間帯で、関係者によると、出社した従業員が、駐車場のベンツの陰で大東前社長がうつ伏せに倒れているところを発見。「社長はもともと高血圧。それで倒れたと思い、身体を仰向けにしたが、意識がなかった。これは大変だ」と警察に通報し事件が発覚した。

京都府警の調べでは、犯行に使われた拳銃は25口径の小型拳銃で、海外では主に女性の護身用に使われることが多いという。事件発生当時、大東前社長が所持していた数十万円と車内にあった百数十万円の現金は手つかずで残されていたため、京都府警は金銭目的ではなく、大東前社長あるいは会社のトラブルを背景にした組織的犯行の可能性があると見て捜査を進めた。

殺害された大東前社長は大阪市出身で、姉の梅子氏は「餃子の王将」の創業者である加藤朝雄氏（故人）の夫人。同前社長は、副社長だった2000年4月、1967年の創業以来、初めて倒産の危機に陥った会社の立て直しのため、4代目社長に就任した。2017年12月、創業50周年を迎える王将を国内だけで717店舗（3月31日時点）を展開する東証一部上場の大手外食店に育て上げた敏腕経営者として知られていた。

これまでの捜査で、事件から4ヵ月後の2014年4月、現場から北東約2キロメートルの京都市山科区内のアパート駐輪場で放置されていたバイクを発見。ハンドルからは銃を撃った際に残る硝煙反応が検出された。そして、すぐそばでナンバープレートが付け替えられていた不審なバイクも見つかった。

事件2ヵ月前の2013年10月、硝煙反応が出たバイクは京都府城陽市の民家で、もう1台のバイクは京都市伏見区の飲食店で相次いで盗まれたものだった。その際、伏見区の飲食店の防犯カメラにバイクを盗む2人組とともに九州ナンバーの白の軽乗用車が映っていた。事件前に、現場近くの防犯カメラに九州ナンバーの白の軽乗用車と伏見区内で盗まれたバイクが並走する様子も確認されていた。

こうしたことから、捜査本部は白の軽乗用車が実行犯の逃走用バイクを調達した際に使われたと見て、Nシステムなどを使って追跡。九州に移動したことを確認した。2016年春には、この車を押収したが、事件に直接つながる物証は得られなかった。

一方、この車の所有者が、タバコの吸い殻から検出されたDNA型と一致する福岡の暴力団員の知人であることが判明するなどしたため、京都府警は最重要参考人として取り調べの機会をうかがっていたのだ。

大東隆行前社長

囁かれ始めた「犯人捏造説」の真偽

別の大手マスコミ社会部記者は、捜査が難航している背景についてこう解説する。

「京都府警と九州最大の暴力団を抱える福岡県警の関係はうまくいっていない。そもそも、犯行現場近くで押収したタバコからＤＮＡを検出したという情報を捜査員がマスコミに流すなんてありえない。そんなことをすれば、犯人に捜査の手の内を読まれてしまう。ＤＮＡ型が一致したということで、京都府警と福岡県警の合同捜査本部設置の話が一時持ち上がりましたが、まだ話がまとまっていない段階で京都府警側がメディアに流したので福岡県警はカンカンになった。それで、合同捜査本部の話は流れたんです。

京都府警は福岡に捜査員を送り込んでいますが、福岡の暴力団の情報を取るのは難しい。現場で大東さんを殺害したのは、外国マフィアのヒットマンとみられており、当然、犯行後、すぐに国外へ高飛びしています。それで実行犯も特定できません。その実行犯を使った日本の犯行グループが逮捕され口を割るなどよほどのことがない限り、事件は迷宮入りですわ」

実は、先のＤＮＡ型が一致した福岡の暴力団員のタバコの吸い殻について、すでに1年以上前から捜査かく乱説が出ている。

「誰かが故意に置いた」「当の暴力団員は犯行の見届け役と目されているが、実際には現場にいなかった」などの話が水面下で飛び交っていた。

冒頭の大手マスコミ社会部記者は、最近囁(ささや)かれている犯人捏造(ねつぞう)説についてこう言う。

「最重要参考人とされている暴力団員には、もっぱら『アリバイはあった』と言われています。それで、犯人に見せかけるため、誰かが、この組員のタバコの吸い殻を手に入れ、わざとそれを現場に置いてきたとの話も出ています。吸い殻のＤＮＡだけでは、犯行の証拠になりません。疑われている暴力団員がせめて現場にいたという証拠でもないかぎり、捜査を詰めるのは無理です」

こんなことでは、捜査の行方はまったく不透明ということになり、「迷宮入り」との声が上がるのも当然ということになる。

〝事件のキーマン〟Ｘ氏に突撃取材

「京都府警がお宅の会社を家宅捜索しましたが、事情をお聞かせください」

２０１６年10月下旬、福岡市内のビルの一室の前で年配の男性に筆者がこう話しかけると、相手は驚いた様子で「どちらさんですか？」と聞き返した。名刺を出して身分を告げると、年配の男性は手を振って「それ（家宅捜索）はもうありません。勘弁して下さい」と質問を遮り、部屋に入りドアを閉めた。

筆者が声をかけた相手は、王将の大東前社長射殺事件のキーマンとして、事件発生とともに京都府警がいち早くマークした人物だ。巷間（こうかん）、昭和の歌姫・美空ひばりの最後の後見人とも呼ばれているＸ氏。

大東前社長射殺事件に絡んで、京都府警は２０１６年１月下旬、王将と取引があった京都市左京区のＸ氏の関係会社を家宅捜索。Ｘ氏自らも、任意で２回、京都府警の捜査員から事情聴取を受けている。

なぜ、X氏がキーマンの1人としてマークされたのか。それは殺害された大東前社長が4代目社長に就任する理由になった、王将最大の経営危機を作った取引相手として知られていたからである。

筆者は事件発生後2度、X氏側に取材を申し入れたが、断られた。2016年10月下旬、X氏の事務所があるビルの部屋の前で偶然、X氏と遭遇。とっさに声をかけ、取材を試みた結果が、先のやり取りの様子である。

その翌日、X氏が経営する福岡県内のゴルフ場（民事再生中）の経営権をめぐる北九州市のホテル経営会社との訴訟の和解協議が福岡地裁で行われた。その和解協議開始前、ロビーの椅子にX氏と顧問弁護士が待機していたことから、X氏側に取材を申し入れたが、同氏の代理人弁護士に「微妙な問題なのでお断りしたい」と言われ、またも断念せざるを得なかった。

そのため、今日までX氏本人から詳しい事情を聞くに至っていない。（＊編集部・X氏は『週刊新潮』2016年9月22号で事件への関与を否定している）

なぜ、捜査当局はX氏に関心を示すのか。

彼をよく知る九州の実業家の1人はこう言う。

「Xさんは、某有力団体の委員長を務めていたAさん（故人）の異母弟ですわ。若いころ、福岡で事業に失敗し、多額の借金を重ね、逃げるようにして京都に辿りつきました。後にXさんのグループ中核企業・K工業の前身となる電気通信機器の施工などを手掛ける会社を設立し、事業を始めたということですが、Xさんが京都でやっていたのはもっぱら地上げですよ。後に生まれ故郷の福岡に凱旋。ゴルフ場をオープンした際、本人は〝京都の地上げで100億円は儲けた〟と言っていました。京都の嵐山にあった『美空ひばり館』の設立にも、関わっていますよ」

次項では、美空ひばりと、巷間、「美空ひばりの最後の後見人」と言われ、遺産相続などの面倒をみたというX氏との関係を追っていきたい。

「昭和の歌姫」美空ひばりとの接点

密接な関係が裏付けられたX氏とひばり

東京・渋谷。混雑する宮益坂下の交差点を渋谷郵便局方向に向かって右側1本目の脇道に入ってすぐ、激安居酒屋の看板が目に飛び込む。見た目そのままの「昭和」を彷彿（ほうふつ）とさせる古びた4階建てのビルは、周囲の高層ビルの間に埋もれるようにあった――。

ビルの名称は『B』。このビルをかつて、「昭和の歌姫」と謳(うた)われた国民的歌手・美空ひばりが本名の加藤和枝の名前で所有していたことを知る人はいまや皆無だろう。

ましてて、同ビルがその後、王将社長射殺事件のキーマンの1人と目されているX氏が社長を務めた『K工業』(京都市左京区、解散)の手に渡ったことなど知る由もないはずだ。「美空ひばりの最後の後見人」と言われるX氏とは、どのようにして繋がったのか。その経緯は後ほど触れるとして、今回の取材で浮かび上がった両者の密接な関係について、いくつかの事例を挙げていきたい。

まず、冒頭の渋谷の『B』の件から見てみよう。

同ビルの登記簿謄本をめくると、美空ひばりが本名の加藤和枝名義でこのビルを入手したのは1980年7月10日。ところが、3ヵ月も経たない同年10月1日、美空ひばり自ら三菱銀行(当時)から5000万円を借りるため、同銀行に担保として差し出され、翌81年9月には東京国税局に差し押さえられている。

東京国税局の差し押さえが解除されたのは、同年11月19日付。前々日の17日、大手レコード会社の日本コロムビアから同ビルを担保に1億円を借りてからである。この資金で三菱銀行からの借金を返済し、同国税局の差し押さえが解除されたのだろう。

しかし、1984年1月19日付で日本コロムビアから新たに5000万円、同年5月31日付で三菱銀行からも新たに2億円を借りている。この時点で美空ひばりの借金は3億5000万円に膨れ上がっていた。

周知の通り、美空ひばりは、終戦間もない1945年に初舞台を踏んで以来、天才少女歌手として爆発的な人気を博していた。その美空ひばりに目をつけたのが、三代目山口組の田岡一雄組長である。美空ひばりの最初の後見人といえば、田岡組長であることは、誰もが知るところである。

そして、1958年6月に設立されたのが現在、東京都目黒区に事務所を置く『株式会社ひばりプロダクション』である。同社の現社長は、美空ひばりが養子として迎えた実弟・故加藤哲也氏の息子の加藤和也氏だ。

ひばり所有のビルは7倍に高騰していた

さて、美空ひばりの借金問題に話を戻す。

『B』を担保にした美空ひばりの借金がなくなったのは、昭和から平成に年号が変わった1989年5月のことである。

実は、「救世主」が現れたのである。その人物こそがX氏である。登記簿謄本によると、『B』は、同年5月29日付でX氏が社長を務める『K工業』に売却されていたのだ。この時期、美空ひばりは闘病中で、亡くなったのは同ビルを売却した直後の1989年6月24日である。享年52。7歳で養子にした加藤和也氏はまだ17歳だった。

それにしても、なぜX氏なのか。先の『株式会社ひばりプロダクション』の会社登記簿謄本をめくると、なんとX氏が1988年10月、同プロダクションの役員に就任しているのだ。『B』を美空ひばりから買収する半年前である。

同登記簿によると、それ以前の同年5月、現社長の加藤和也氏が同プロダクションの役員に就任している。和也氏の肩書は副社長だったという。

しかし、美空ひばりとその遺児に対するX氏の「美談」だけでは済ませられない隠された事実があった。

実は、『B』の所有権が『K工業』に移転すると同時に、同ビルは『K工業』を債務者に、京都のフィクサーこと故山段芳春（さんだんよしはる）氏がオーナーの金融会社『キョート・ファイナンス』がなんと極度額25億5000万円もの根抵当権をつけているのだ。この時期は、ちょうどバブル最盛期。1980年代初頭に3億5000万円の融資の担保として提供された土地と建物が、7倍もの価格に跳ね上がっていたことになる。

さらに、すでにバブル経済が崩壊時期に入った1991年1月10日、住専（住宅金融専門会社）の一つである『総合住金』が、先の『キョート・ファイナンス』の借金を肩代わりするかたちで、X氏の支援に入り、極度額18億円の融資を実行しているのだ。

X氏の『K工業』は、総合住金から総額で132億円もの巨額融資をうけていたが、『B』はその担保の一部となっていたのである。登記簿を丹念に読み取っていくと、東京でも有数の繁華街・渋谷に昭和40年代初頭に建てられた古びた地上4階・地下2階のビル（建てられた当時は3階建て）は、バブル期に恰好のビルころがしの「錬金術」に使われたことが分かる。

その後、同ビルは1997年10月、住専が焦げ付かせた巨額の不良債権処理のため設立された公的金融機関『住宅金融債権管理機構』に差し押さえられ、競売物件となったが、その直後の同年12月、『株式会社ひばりプロダクション』が再び所有。それから9年半経った2007年6月、『K工業』のグループ会社でゴルフ会員権買い取り会社Sに所有権が移転。再びX氏のものになった。しかし、所有権移転と同時に、東京都内の別会社に転売され、今日に至っている。

「最後の後見人」X氏とひばりとの関係を探る

美空ひばりの「最後の後見人」とされるX氏との密接なつながりは、京都でも著名な観光地として知られる嵐山の『美空ひばり館』にも見ることができる。

『美空ひばり館』が嵐山にオープンしたのは、美空ひばりが他界した5年後の1994年。登記簿謄本によると、当時、土地と建物を所有し、運営していたのは地元京都の不動産賃貸業者だった。

実は、『美空ひばり館』のオープンには、次のような裏話があったという。

『日刊サイゾー』（2011年4月26日付）によると、美空ひばりが他界した直後から、息子の加藤和也氏に取材し続けていた記者はこう記している。

〈建設候補地は、ひばりさんの出身地の横浜、それに、ひばりさんの〝第二の故郷〟と言われた京都の2案があった。

ところが、〝ひばりさんの命の恩人〟と言われ、加藤氏の後見人になった九州在住の実業家X氏が、ひばりさんの大半の遺品を持ち出して、1994年に京都の嵐山に『美空ひばり館』をいち早くオープン。仕方なく、加藤氏は『美空ひばり館』に業務提携という形で参加した〉

この記事の通りだとすると、『美空ひばり館』オープンの裏には、最初からX氏がいたことになる。同館がオープンした年は入場者がなんと100万人を超え、4年目には300万人以上となったことから観光地・嵐山の新名所となった。

しかしその後、客足が鈍り、『美空ひばり館』は2006年11月にいったん閉館する。同館の土地と建物が登記簿上、X氏関連の企業の手に渡るのは、閉館中の2007年2月。土地、建物とも先の『K工業』グループのSが所有者になった。

それにしても、閉館中の『美空ひばり館』をなぜX氏は買い取ったのか。X氏は、この取引が行われる以前の2004年11月に『株式会社ひばりプロダクション』の役員を退任している。

同館の土地と建物の登記簿謄本を見ると、これまた土地ころがしではないかと、疑われても仕方がない足跡がある。登記簿によると、2008年4月2日付で、所有者だったX氏の関連会社Sが同土地と建物を担保に京都市内の金融業者ら3人から6億円の借金をしているのだ。そして、7ヵ月後の同年11月、『株式会社ひばりプロダクション』への転売でSの6億円の借金はチャラになったのだ。

先の『日刊サイゾー』によると、加藤和也氏は閉館中の『美空ひばり館』を18億円で買い取り、2008年に『京都嵐山美空ひばり座』（2013年5月閉館）として、リニューアルオープンさせたと記している。

登記簿謄本によると、X氏の関連会社Sが6億円の借金を返済した同じ日付で、『株式会社ひばりプロダクション』は、名古屋市の大手パチンコメーカーから10億円の融資を受けている。X氏側からの買収代金は、この融資が元金になったものとみられている。

ところで、美空ひばりとX氏との関わりを語る上で、九州・福岡の関係者の間で必ず話題に上るのが、福岡市中央区天神の『済生会福岡総合病院』に彼女が緊急入院した際のことだ。

話は1987年4月にさかのぼる。美空ひばりが『済生会福岡総合病院』に緊急入院したのは、「自分の紹介」と、X氏は周囲に披露し、また同氏の話をもとにした〝美空ひばり本〟にもそう書かれている。しかし、X氏が紹介者だとする説を否定する声もある。

美空ひばりの入院から10年後の1997年11月5日付『毎日新聞』夕刊に〈天神の済生会病院建て替え、ひばりさん「不死鳥」期した闘病の部屋解体へ〉というタイトルの記事が掲載された。この中で美空ひばりが済生会病院に入院した経緯についてこう書かれている。

〈ひばりさんは1987年4月22日から8月3日まで、2部屋続きの特別室に入院した。

当時、院長代行だった小川院長（＊滋氏、現在は退任）によると、ひばりさんは4月21日、突然来院。地味な服に長いつえ。『2年前から足が痛くてたまらない』と訴え、腰のレントゲンと血液検査で、すぐに両大腿骨骨頭壊死、慢性肝臓病と判明した。2年間で13の大病院を渡り歩き、診断がつかなかったというひばりさんは『どうして5分で分かるの』と驚き、即日入院を求めた。「なぜうちへ」と小川院長が聞くと、「Aさん（＊同記事中は実名、Aさんは X氏の兄）の紹介で、来ました」。小川院長はAさんの10年来の主治医だった。しかし、病室は満員。ちょうど365号室に検査入院していた奥田八二福岡県知事（当時）に部屋を代わってもらい、翌日から入院した〉

やはり、有力団体の委員長を務めた兄のA氏あってのX氏であり、三代目山口組の田岡組長が最初の後見人だった美空ひばりとの親交もまた、A氏の存在があったからこそ、と理解するのが自然だろう。

“社内黒い報告書”作成の1ヵ月後に起きた惨劇

260億円流出で170億円未回収

王将から総額約260億円のカネが流出していた――。

犯行現場近くで発見されたタバコの吸い殻から、九州の暴力団員と一致するDNA型が検出されたとの報道を受け、暴力団など反社会的勢力との関係の有無を調べていた王将の第三者委員会（委員長・大仲土和（おおなかつちかず）弁護士）は大東隆行社長（当時）が射殺されてから2年3ヵ月後の2016年3月29日、調査報告書を発表した。

全93ページの報告書によると、1995年頃から2005年頃までの10年間に、特定の企業経営者との間で貸付や不動産取引など計14件、総額約260億円もの不適切な取引を行い、うち約170億円が回収できず、損失処理していたという衝撃の事実が明らかになったのだ。

同報告書は、不適切取引の相手である経営者A氏と、そのグループ企業を匿名にしたが、この経営者とグループ企業こそ当章で取り上げてきた大東社長殺害事件のキーマンの1人と目されているX氏とそのグループ企業である。

調査報告書は、この巨額の不適切取引を主導したのは、1994年6月、創業者・朝雄氏の長男・加藤潔氏が3代目社長に就任と同時に、経理部長を兼任する代表取締役専務になった次男の加藤欣吾氏と断定している。

不適切取引14件のうち、最大のものは2000年4月に乱脈経営で潔社長が引責辞任する原因となった、王将の100％出資の子会社『キングランド』（京都市山科区、大東隆行社長＝当時）を通じ、X氏が経営するK工業への計185億円に及ぶ貸し付けだ。うち95億4000万円は返済を受けたが、89億6000万円が未返済のままだった。

この巨額の焦げ付きがマスコミ報道で最初に明るみに出たのは、前年の1999年夏。王将の総資産の15％に相当し、この90億円近い焦げ付きが経営を圧迫。有利子負債は最大470億円にも上り、王将は創業以来の厳しい経営危機に陥った。

同年4月、4代目社長に創業者・朝雄氏の妻の弟である大東隆行氏が就任、経営再建に乗り出した。『キングランド』を通じたX氏への貸付金については、2002年3月期に44億8100万円の貸倒引当金を計上し、2005年9月時点での貸付残高40億8800万円の全額を「債権放棄」した。

ここでは第三者委員会の報告書などが指摘する王将とX氏側の不適切取引による個別の資金の流れは膨大になるため割愛するが、そもそも創業者の朝雄氏とX氏が知り合ったのは1977年頃だという。同報告書では、1993年6月に朝雄氏が亡くなった際、X氏は社葬で「友人代表」の1人として参列したと記されているほど親密だった。

朝雄氏の社葬が行われたのは、観光地として有名な京都・嵯峨野にある名刹『天龍寺』。2016年秋、同寺高僧の1人は、筆者に社葬当時のことをこう振り返った。

「『王将』の加藤朝雄さんが亡くなられたのは、6月4日で密葬でした。当日夕方、アサヒビール（王将の大株主）の会長をしていた樋口廣太郎さんが天龍寺に飛んできて、幼な友達だった当時の天龍寺管長の平田精耕さんに『何とかしてくれ』と頼んだそうです。それで平田さんが引き受け、天龍寺で7月13日午後1時から社葬をやりました。天龍寺には、加藤家と『王将』の会社の墓もありますよ」

「王将労組」潰しほかX氏が加藤朝雄創業社長に果たした役割

また、同報告書には金銭的取引以外にも、王将のために動いたX氏の事例をいくつか紹介している。

１９８５年5月、X氏の口利きで建築関係の許可が早く降り、奈良県生駒市に開店した『餃子の王将・阪奈生駒店』もその一つ。同店は、第三者委員会の報告書が出される直前の２０１５年10月下旬、突然閉店した。

１９９５年4月18日に結成された『王将フードサービス労働組合』（１９９７年解散）の組合活動への対応の助力もしている。同労組が結成された当時の『王将』は、設立開店から21年で、関西のみならず関東、中部、北陸、四国、九州に直営店１７０店舗、フランチャイズ加盟店２２０店舗を擁する一大外食チェーン店に成長していた。組合結成のこの年の1月には、大阪証券取引所第二部、京都証券取引所にも上場を果たし、経常利益29億２７００万円で、増収増益の記録を更新中だった。

業績、売り上げが伸びる一方、サービス残業が横行し、年中無休のため、有給休暇もままならず、店舗ごとに利益率が決められ、これを割ると店長の賃金が減額されるペナルティー制が導入されていた。従業員の労働条件の犠牲の上に、会社の増収増益が果たされたというわけである。

『王将労組』結成の背景にはそうした裏事情があった。

これに対して会社側は組合攻撃をエスカレートさせ、2ヵ月後の6月8日には、いわゆる第2組合となる『王将ユニオン』を新たに発足させた。大阪のホテルで開かれた結成会議には、当時の社長だった加藤潔氏が直々に出席。結成の趣旨に賛同する挨拶をした。

同日付で加藤潔社長名の「健全な労使関係を確立し、雇用と生活を守り……希望と誇りの持てる職場を作ろうとする努力と聞き、感銘を受けました」「皆様におかれましても、この方々の行動に深い理解をいただきますようお願い申し上げます」などと書いた文書を作成し、全国各地の店舗に配布した。

会社側は、労使協調派の第2組合を育成して『王将労組』の切り崩しを図ったが、そこでどんな〝助力〟をX氏に仰いだのか。

当時の事情を知る関係者はこう解説する。

「王将の株主でもあったXさんに、会社側と組合の〝和解〟を要請したんです。それで、『王将労組』側とX氏との間で、和解の席が3回持たれました。最終的には、会社側が不当労働行為を認め、謝罪する形で和解しました。しかし、和解の内容は、『王将労組』が取り組んでいた不当労働行為の訴訟の弁護団にも詳しい報告がなされないままでした。そして、『王将労組』の組合員全員が会社を退職しました。その後、組合員が出資して四条と祇園でラーメン店を経営した。その店は、いまはもうありませんが、組合が解散したことで、金銭絡みのいろんな噂が立ったものです」

王将側から〝助力〟を求められたX氏は、最終的には『王将労組』を解散に追い込む功績を果たしたということである。

非公開にされた『25年報告書』の功罪

さて、大東氏が社長として関わった王将再建に話を移す。

2000年4月、取締役会長に潔社長が就任し、当時、副社長だった大東氏が新社長になり再建に乗り出したが、王将とX氏との関係は切れることなく続いた。というのも、まだ代表取締役専務兼経理部長の座にとどまっていた欣吾氏は、取締役会の決議を図ることなく、X氏との不動産取引を継続させ、さらに資金を流出させていたからだ。

しかし、2002年3月期でX氏に対する貸付債権について44億円の貸倒引当金を設定、さらに購入した不動産の減損処理を行った。これに伴い、取締役会長であった潔氏及び専務であった欣吾氏は同年3月末で引責辞任したが、以降も欣吾氏はX氏からの債権回収や不動産処分の交渉を担当した。

欣吾氏による債権回収交渉が思うように進まなかったため、２００３年7月頃から欣吾氏に代わって大東社長自らがX氏との直接交渉に当たることになった。同報告書によれば、大東社長は、X氏との関係を一刻も早く断つことが会社再建の道と判断し、債権放棄などで２００６年9月までにすべてを清算したという。

しかし、２００７年5月、潔元社長と欣吾元専務は連名で、王将に「創業者大株主の加藤潔と加藤欣吾を取締役に選任する約束を反故にされた」と、株主提案書を出した。当時、２人の株式を合わせた保有株数は全株式の20％を超えていた。

その2人の株を占有していたのがX氏で、同氏は２００８年4月、大東社長ら当時の経営陣を呼び出し、「欣吾氏が保有する株式が銀行の担保に取られている。自分が加藤家から別途預かっている王将の株券を担保として提供するので、欣吾氏の銀行担保を外すため資金を用立ててほしい」と、要求した。

大東氏側はこれに応じ、X氏側に合計29億６６００万円を預託し、引き換えに、加藤家（加藤梅子氏、潔氏、欣吾氏）名義の株の合計２０９万株を担保として預かった。しかし、X氏側が預託金を返還しなかったため、２００９年9月末までに担保としていた株券を取得したという。

「加藤家の王将奪還運動」の内実を知るX氏の知人はこう言う。

「欣吾さんとXさんは一心同体でした。『王将を加藤家に取り戻したい』とひたすら訴える欣吾さんの要請に応えて、Xさんはあれこれ動いていました。その結果、潔さんは相談役として復帰しましたが、欣吾さんは〝役員〟になれず悔しがっていました」

王将を経営危機に陥らせた創業家一族を役員から外すことはできたが、内部ではドロドロの御家騒動が繰り広げられていたことになる。ちなみに、欣吾氏は歴代役員の中でただ1人、第三者委員会の調査に応じなかった。（＊編集部・X氏は『週刊新潮』2016年9月22日号で第三者委員会の調査報告書は〝でたらめ〟としている）

実は、これまで明らかにしてきた1993年から2006年までの間のX氏と王将の不適切取引等の内容については、王将の役職員で構成された特別再発防止委員会が2013年11月13日付でまとめた調査報告書、いわゆる『(平成) 25年報告書』で出されていたものである。この報告書は、取締役会メンバーと同委員会メンバー以外は非公開とされており、第三者委員会が調査した際は、社長と総務部のみが各1部保存していただけだった。

第三者委員会の報告書は、この『25年報告書』に基づいたものである。ここで、読者はお気付きのことと思うが、大東社長が何者かに殺害（2013年12月19日）されたのは、この『25年報告書』が作成された1ヵ月後のことである。

事件からほどなく4年近く経ついま（当原稿執筆時）、犯人逮捕の目処は全くたっていない。それでも捜査幹部の1人は、「事件を見捨てたわけではない」として今後の見通しをこう語る。

「別件だが、九州で逮捕した暴力団関係者はみんな下っ端。いずれ上の方に捜査の手は伸びる。その時、トップの独裁体制に不満を持つ者が、口を割る可能性がある。何年かかるか分からないが、いまは一つ一つ積み上げていくしかない」

事件を迷宮入りにしてはならないと願うばかりだ。

5年経過した王将事件の今——2人の重要参考人

ますます遠ざかる犯人逮捕という現状

「いやあ、あれはシロでしたんや」

2017年晩秋、京都府警の捜査員は聞き込み先の男性の質問に半分冗談でこう答えた。男性の質問とは、5年前の2013年12月19日午前5時45分頃、「餃子の王将」で知られる『王将フードサービス』の大東隆行前社長（当時72）が、京都市山科区の本社駐車場で何者かに拳銃で撃たれ死亡した事件に関わることだ。

事件発生から2年目を迎えた2015年12月、メディアは〈犯行現場近くで発見されたタバコの吸い殻から検出したDNA型と九州を拠点とする暴力団の幹部組員のDNA型が一致した〉と一斉に報じた。先の男性は「あのＤＮＡの話で決まりやったんと違いまんの？」と訪れた3人の捜査員に向かって逆質問したのだ。困惑した表情の捜査員の口から出たのが、冒頭の言葉である。

２０１８年夏、京都府警の複数の捜査員が福岡に現れた。福岡県警は『大林組』九州支店の車を銃撃し社員ら3人を殺害しようとした事件（２００８年1月）で、7月4日に暴力団組事務所を家宅捜索するとともに、複数の暴力団幹部を逮捕。その中の1人が〝ＤＮＡ型が一致〟する幹部組員だったからだ。

京都府警はこの幹部組員を犯行の見届け役ではないかと、重要参考人としてマークしていた。２０１７年7月にも同幹部が大麻所持容疑で福岡県警に逮捕された際、京都府警の捜査員が福岡へ飛び、当時はＤＮＡ鑑定結果があったことから事情聴取する機会を得られた。しかし、供述が取れず府警捜査員は引き上げている。

そして1年後、再び事情聴取の機会が訪れたわけだが、京都府警は手ぶら、つまり事情聴取ができるだけの新たな証拠は持ち合わせていなかった。京都府警の捜査はあくまで任意で、本人が拒否すれば事情聴取はできない。案の定、京都府警は、起訴され勾留中だった幹部組員に会うことすらできなかった。事実上、「最後のチャンス」だったにもかかわらず、すごすごと退散するしかなかったのだ。

冒頭の1年前の男性に対する捜査員の「シロでしたんや」という話は、半分どころか冗談だったのである。１８年夏にＤＮＡ型一致の幹部組員を再度事情聴取しようとしたのだから最重要参考人として追い続けていたことになる。逆に言えば、もはやそこにしか事件解決の糸口はないということ。

事件を追う社会部記者はあきらめ顔でこう漏らす。

「事件発生当時と同様、91人体制で捜査しているとのことですが、犯人逮捕はますます遠ざかっているというのが実情ですよ。２０１８年12月19日も恒例になっている事件現場に府警幹部が訪れ、献花し山科駅前でチラシを配ることになると思います。事件当初から捜査に関わっていた最後の捜査員が２０１９年３月で退職を迎えます。現場にはあきらめムードが広がり、このままでは迷宮入りですね」

ヒットマンは「台湾マフィア」説も

殺害された大東前社長の自宅は本社から北東に約1キロ離れたところにある。事件当日も１人でベンツを運転し出社。王将本社前の駐車場に車を停めて降りた直後、至近距離から4発の銃弾を浴び死亡した。

まだ日の出前の薄暗い時間帯で、大東前社長の自宅屋上にある鳩舎の世話をしている〝バドラー〟と呼ばれる王将社員が、ベンツの陰でうつ伏せに倒れているのを発見、警察に通報した。

「早朝に出勤し会社周りを掃除する大東さん、鳩舎を世話する社員兼バドラーさん、王将の屋上にある珍重の鳥小屋の世話をする植木屋さんの３人は、いつもそれぞれがひと仕事終えたら鳥小屋に集まってお茶を飲むのが日課だった。この日、たまたまバドラーさんが30分遅刻し、車の陰に倒れていた大東前社長を発見したんです。慌てて周りを見たところ、人影もなかったそうです。鳥小屋の世話をしていた植木屋さんに大声で異変を知らせたといいますから、周りで銃声は聞こえなかったんだろうと思います。バドラーさんは〝遅刻さえしなければこんなことにならなかった〟といつまでも悔やんでましたわ」（事件事情通）

京都府警の調べでは、犯行に使われた拳銃は25口径の小型拳銃で、海外では女性の護身用に使われることが多いという。

これまでの捜査で盗難バイク2台のうち1台から硝煙反応が検出され、その際、防犯カメラには2人組の男とともに九州ナンバーの白の軽乗用車が映っていた。Nシステムなどを使って追跡したところ、福岡空港まで行ったことを確認している。

また、この白い乗用車はDNA型が一致した幹部組員の友人の車であることが判明。車はほどなく廃車処分にされたが、京都府警が買い取り調べたものの、有力な証拠は得られなかった。

大東前社長が射殺された原因は、カネ絡みであることは誰しもが一致しているが、動機はいまだに解明されていない。複数の実行犯には、先の暴力団幹部事務所に同居する別の暴力団の若い衆も加わっていたとの話もあるうえ、ヒットマンは「台湾マフィア」という説もある。そうなると、犯行直後に海外逃亡していることは容易に想像でき、捜査をより困難にさせている要因にもつながる。

週1回、大東前社長は京都府八幡市の有力チェーン店へ視察に行った際、20年近く付き合いのある飲食店に立ち寄り、店主と雑談するのが常だった。

同店主は言う。

「気さくな人でお客さんは最初、あの王将の社長とは誰も気づきませんでしだ。まさか殺されるとはいまだに信じられませんわ」

そこで、もう1人のキーマンの〝いま〟を追ってみよう。

創業社長の次男とX氏の不審関係の顚末

「ヤクザに追い出された」

2017年梅雨入り前、久方ぶりに会った知人に憤懣やるかたのない顔をしてこう語ったのは、ほかならぬ王将社長射殺事件のもう1人のキーマンX氏である。

そのX氏が追い出されたのは、福岡県朝倉市のゴルフ場経営だ。『王将フードサービス』の大東隆行前社長射殺事件（2013年12月19日）を契機にして、暴力団など反社会的勢力との関係の有無を調べていた王将の第三者委員会は、事件から2年3ヵ月後の2016年3月29日、調査報告書を発表した。

それによると、前述もしたが王将は、総額約260億円もの不適切な取引を行っていた。そのうち王将が100％出資の子会社『キングランド』（大東隆行社長＝当時）を通じてX氏側へ1

85億円を貸付、90億円が未返済のままだった。朝倉市のゴルフ場も貸付先の１つで、融資額90億円の担保物件になっていた。

いまからおよそ19年前の１９９９年、ゴルフ場への融資の焦げ付き額は王将の総資産の15％に相当し、経営を圧迫。王将は創業以来の厳しい経営危機に陥った。２０００年４月、創業者・加藤朝雄氏の妻の弟である大東氏が４代目社長に就任、経営再建に乗り出すこととなる。

王将子会社『キングランド』を通じた貸付金については、貸倒引当金と債権放棄で処理した。同調査報告書では、この巨額の不適切取引を主導したのは朝雄氏の次男・加藤欣吾氏と断定している。１９９４年６月、朝雄氏の長男・加藤潔氏が３代目社長に就任、欣吾氏は経理部長を兼任する代表取締役専務となった。

先のX氏と欣吾氏をよく知る九州在住の実業家が、前述したように２人の関係についてこう語る。

「彼らは一心同体でした。〝王将を加藤家に取り戻したい〟と必死に訴える欣吾さんのために、Xさんはあれこれ動いていました」

事件発生後、京都府警が真っ先にマークしたのが不適切取引の対象者だったX氏。実際、２０１６年１月、王将と取引があった京都市左京区のX氏の関係会社を家宅捜索、X氏本人も任意で２回、京都府警の捜査員から事情聴取を受けている。

冒頭、「ヤクザに追い出された」とX氏が語ったゴルフ場は、福岡県北九州市で結婚式場などを経営するH社が経営している。ただ、現在は結婚式場は閉鎖されている。

２０１８年4月、筆者は同ゴルフ場を取材に訪れたが、「支配人が不在」ということで、後日改めて電話取材したところ、「ゴルフ場は私どもが経営しています。（Xさんとは）関係ありません。Xさんは福岡市内に住んでいるという話です」。

実は、ゴルフ場をめぐってX氏は２０１６年1月に北九州市のホテル経営会社から株式無効、代表取締役・取締役地位不存在の訴訟を起こされている。同年10月に和解。その際、同ホテル経営会社の関係人に15億円の解決金を分割して支払うことが確認された。

こうして引き続きX氏が同ゴルフ場の経営を続行することになったのだが、分割金の支払いが滞ったのかどうか不明なものの、同年12月にはX氏ら役員が退任し、現在は先の結婚式場経営者が代表取締役に就任し経営陣が一新されたのだ。

同ゴルフ場支配人に、X氏を提訴したホテル経営会社と現在の経営陣は同じ系列なのかと質すと「あずかり知らぬこと」との返事が返ってきた。

2人のキーマンに接点が……

２０１８年に入って、今度は広島県の産廃業者が貸金回収をめぐり同ゴルフ場を訴え、訴訟沙汰になっている。まさにトラブルの巣窟のようなゴルフ場だが、冒頭で書いたように王将をカネヅルにしてきたX氏にとっては最後の砦だった。

「若い頃、福岡で事業に失敗し多額の借金を重ね、逃げるようにして京都に辿りついたX氏は、某有力団体の委員長の異母弟。兄の威光を笠に着て、王将に入り込んでカネを引き出し、経営危機にまで追い込みました。京都では京都駅周辺をはじめ、地上げもやって相当儲けたという話です」(前出・九州の実業家)

X氏が京都で立ち上げた京都市左京区の会社は、いまは空き家となり荒れ放題。貸家の広告が出ている。長い間、塀に貼られていた民主党（当時）の前原誠司衆院議員のポスターもはがされている。X氏は京都から撤退してしまったようだ。

筆者はこの1~2年ほど機会があるたびに福岡市内のX氏の豪邸を訪ねている。2018年秋のこと。以前は敷地内は荒れ放題だったが、きれいに掃除され玄関もピカピカに磨かれていた。しかし、インターホンを押しても返答はなかった。

X氏が最も恐れていたといわれているのが、福岡地検だという。先の北九州市のホテル経営会社とのトラブルで福岡地検の家宅捜索を受け事情聴取されたからだ。ただ、刑事事件にならず、押収資料も返還され一件落着となっている。

王将射殺事件について福岡県警幹部はこう断言する。

「犯人は九州のヤクザだ。ただ、二次団体が単独でやることはない。当然、組織全体としての犯行だ」

ところで、X氏と前項で報じたDNA型が一致した暴力団幹部に接点はあるのか。X氏を知る別の実業家はこう漏らしている。

「件の暴力団幹部が所属する組長とはガキの頃から知り合いだが、その組長の妻が経営する博多の繁華街・中洲の高級クラブにXは出入りしていた。暴力団幹部は事件が起きてから周りに〝(Xと)知り合いだ〟と吹聴していた」

2人のキーマンは、何を知っているのか。事件はこのまま迷宮入りするのか。

筆者も引き続き事件の行方を注視していきたい。

第4章

財団・宗派・学校法人の仮面

漢検協会に潜む暗闇

条件の似た「京都文化協会」との大きな格差

漢字能力検定で知られる『公益財団法人日本漢字能力検定協会』（以下・漢検協会、本部・京都市東山区、代表理事 会長兼理事長・髙坂節三氏）と京都市との不自然な土地賃貸契約が２０１８年３月29日と４月９日に参議院で立て続けに取り上げられた。何が問題になっているのか。

まず３月29日、参院文教科学委員会に参考人として漢検協会の髙坂理事長が出席。民進党（当時）の大島九州男参院議員が同理事長に質問したのだ。

そもそも、漢検協会は２０１６年６月、京都市東山区に『漢検ミュージアム』を開館。漢字にまつわる資料を所蔵する図書館などのほか、漢検協会本部事務所も併設されている。

施設は元京都市立弥栄中学校跡地に建てられたが、大島参院議員の質問や京都市の公開資料などによると、漢検協会側は施設建設に23億６０００万円の資金を投入したほか、京都市とは土地借地権料として60年間で２億６１００万円、保証金３億円の賃貸契約を締結。加えて、年間７８

３５万円（坪当たり３５１０円）の家賃を支払っている。契約は入札で行われた。このうち「土地借地権料」について、漢検協会の第三者委員会は２０１８年11月30日の調査報告書で、「（小学校の）解体費」と明らかにしている。

大島参院議員の調査によると、元弥栄中学校近隣の京都市所有地の賃貸料は坪１２７０円。これと比較すると漢検協会施設の家賃は約３倍も高い計算になる。

一方、漢検協会の理事らが名前を連ねる別のＮＰＯ法人『京都文化協会』（京都市下京区、田辺幸次理事長）も元京都市立成徳中学校校舎３階（約60坪）を２０１０年10月から２０年９月までの10年間、賃貸契約を結んでいるが、こちらの坪単価は７３８円と格安。特例の値引きが行われ、相場の半額だ。

しかも、保証金０円で保証人なし。借地権料も０円。契約は入札なしの随意契約だった。そのうえ、賃貸前に京都市の負担で元成徳中学校の改築工事が２億円から２億５０００万円かけて行われている。

京都文化協会は、屏風や襖絵（ふすまえ）のデジタル複製品の制作が主たる目的のＮＰＯ法人。こうしたことから、大島参院議員は「同じ公立学校の跡地なのに賃貸の坪単価が全然違う。保証金と保証人も片やゼロ、片や３億円。決定方法も入札と随意契約で違う。いろんな差異がある。どこかの意図が働いているのではないかと懸念される契約だ」と疑問を投げかけ、契約関係者が共通の人物であることも明らかにした。

例えば、京都文化協会設立時の同協会理事長は元京都市議のK氏（２０１８年死亡）、元成徳中学校３階の賃貸契約時の同協会理事長はA氏、貸し手である当時の京都市の教育長は、現漢検協会理事のT氏である。

漢検協会で起こっていたドロドロ内紛劇

一方、弥栄中学校跡地を漢検協会が借りる際の契約関係者には、漢検協会専務理事・K氏、開発部・A氏、T元京都市教育長が漢検協会理事として名前を連ねていたという（＊編集部・K氏、A氏、T氏は同一人物）。

大島参院議員は「何が不思議かというと、もし私が学校を借りる当事者なら、（先に借りた成徳中学校跡地より弥栄中学校跡地の方が）もっと広い土地になるんだから、（坪単価等で）これよりも安く交渉しようね、というのが普通と思うがどうか」と高坂理事長に問い質した。

これに対して、高坂理事長は「成徳中学校跡地に関する経緯については、我々としては一切関わりを持たなかったし、その時点では存じあげなかった」と答えた。また、漢検協会施設の高額な賃貸料については「京都国際マンガミュージアムの例もあるので、京都市もある程度応援するのが当然ということで我々を調べた。京都市の方針かもしれないが、（不動産）鑑定士も２、３社入れたうえで、このぐらいは取るべきだという判断で始まった」と、まるで他人事のように答弁。このため大島参院議員は、同理事長に「第三者委員会の設置」を求めた。

内部事情を知る関係者はこう指摘する。

「漢検協会とＮＰＯ法人京都文化協会の役員は重なっている。特に実働部隊になっているのは同じ人物です。当然、成徳中学校跡地の賃貸契約の経験を生かし、弥栄中学校跡地の賃貸料をもっと引き下げる努力をするのが当然ですが、高坂理事長の国会答弁を聞いていると、まるで京都市の言いなり。摩訶不思議な契約です。条件が同じなのに他と比較して賃貸料が特別に高すぎるとなれば、京都市に利益を与えるため、漢検協会に損害を与えた任務違反になりますね」

実は、漢検協会と人脈的に深い関係にある京都文化協会は過去に、京都市教育委員会が同協会から賃貸料を３年半も取らずにいたことが発覚しているのだ。この事実は２０１４年２月にマスコミ報道で明らかになり、同協会に甘い京都市教育委員会の不公正な行政が世間に知れることとなった。

契約開始時の２０１０年10月から発覚するまでの間、最初から特例で半額にした賃貸料を一度も請求しなかった。未徴収の賃貸料は約１７５万円に上り、光熱費等も徴取していなかった。当時、市民が元成徳中学校の校舎利用に関して、京都市教育委員会が京都文化協会など２団体に不適切な減免をしているとして、住民監査請求が出されていたのだ。

漢検協会をめぐっては、創業者の大久保昇元理事長らが約２億６０００万円の損害を与えたとして背任罪で京都地検に起訴され、最高裁で実刑判決が確定。大久保氏の後任として２００９年４月、鬼追明夫元日弁連会長が理事長に就任したが、１年の任期満了で退任した。

２０１０年４月には、日本相撲協会評議員会議長を務める池坊保子元文科副大臣が理事長に就任したが、２０１１年３月に任期途中で解任されるなど、漢検協会はドロドロの内紛劇が続いた。

「暴力団密接交際者」と認定されたＡ氏の怪

前述しているが、参議院の文教科学委員会（３月29日）と同決算委員会（４月９日）で民進党（当時）の大島九州男参院議員が取り上げた漢検協会と京都市との不可解な賃貸契約問題には看過できない深刻な問題をはらんでいる。

参院文教科学委員会で大島参院議員は『週刊新潮』（３月８日号）の〈「京都」平安神宮が北朝鮮資本に乗っ取られる〉と題した記事を紹介し、その中で京都市との賃貸契約に関わった漢検協会側の人物は最高裁が「暴力団密接交際者」と認定していると指摘。「暴力団密接交際者」と名指しされたのは、漢検協会開発企画部に所属していた元『ＮＰＯ法人京都文化協会』理事長のＡ氏。

『週刊新潮』は２０１４年５月22日号で〈「裏千家家元」元秘書が刑事告訴された「漢字検定協会」再出発の真っ暗闇〉と題する記事を掲載。この記事の中で、Ａ氏が暴力団排除条例における「密接交際者と見なしうるのではないか」と報じたのだ。

これに対してＡ氏は同年６月、記事を書いたノンフィクションライターと編集長、新潮社を相手取り名誉毀損で提訴。一審の京都地裁はＡ氏側の主張を認め、新潮社側に２２０万円の賠償金を支払えとの判決を下した。しかし、二審の大阪高裁は新潮社側の主張を全面的に認め、一審判決を破棄。新潮社側が逆転勝訴した。

Ａ氏側はこれを不服として最高裁に上告したのだが、２０１７年４月、最高裁は上告を棄却し新潮社側の勝訴が確定した。確定した二審判決は、記事で書かれたＡ氏と暴力団との関係について、「京都市暴排条例における暴力団密接関係者とみなしうるのではないか、との法的な意見ないし論評の表明をするにあたって、その前提とした事実は、いずれも真実であると認められる」と断定したのだ。

そのＡ氏は、千玄室元裏千家家元秘書を経て京都選出の西中清元代議士（公明党）の秘書を務めたのち、経営や不動産コンサルタントに転身。そして、いつの間にか漢検協会に潜り込んでいた人物だ。

Ａ氏が理事長を務めた先の京都文化協会初代理事長は、現在の漢検協会のＫ専務理事（当時、２０１８年死亡）だ。Ｋ専務理事は京都市議（公明党）を６期務めた京都政界の重鎮で、漢検協会の闇を探っていくと、Ａ氏とＫ氏は〝不離一体〟の関係にあることが浮かび上がってくる。

以下、その実例をかいつまんで紹介する。

漢検と京都市の癒着にも介在するＡ氏

京都市の公開資料などによると、漢検協会は、漢検本部を併設した『漢字ミュージアム』を建設するために２０１２年12月、元京都市立弥栄中学校跡地の事業者選定の応募申請書を京都市に提出。その申請書に担当者としてK事務局長（当時、２０１８年死亡）らとともにA氏が開発企画部のメンバーとして名前を連ねていた。

漢検協会は、それより1年前の２０１１年4月と１２年4月の2回、当時、京都文化協会理事長だったA氏との間で2通の業務委託契約を締結した（契約期間は１１年4月1日～１３年３月31日）。

委託契約書によると、A氏の仕事は「漢字博物館」（漢字ミュージアム）設立などに関わるコンサルタント業務だった。漢検協会の職員ではないが、漢検協会の「漢字文化振興コンソーシアム設立準備室」（漢検ミュージアム）副室長の肩書を持っていた。漢検協会名簿にも職員であるかのように名前が記載されていたことから、事情を知らない人にとっては、その振る舞いを含めて漢検協会、それも幹部職員のように映った。

A氏とK氏が関わった民事訴訟で「京都市提出の書類に漢検の使用人として、A氏が記載されていた理由」を問われたK氏は、「Aが漢検協会の職員であるかのような名簿が作成されていたのは、京都市からの要望に基づくものである」（２０１６年1月25日付）、A氏も「京都市の打ち合わせ会議でAが出席できるように京都市からAを名簿に記載するように求められたから」（同年同日付）と、それぞれ答弁書を提出しており、漢検協会と京都市との馴れ合い、異常なまでの癒着が背景にあることが容易に察せられる。

そしてもう一つ、A氏に関して重大な事実が発覚し、右翼団体が街宣車を繰り出して非難する事態が発生しているのだ。

それは、京都の一大観光名所として知られる『平安神宮』（京都市左京区）境内にある、A氏が代表理事を務める『一般財団法人京都平安振興財団』（京都市左京区）が事業主である商業施設『京都・時代祭館十二十二（トニトニ）』に関するもの。「十二十二」は、巨額の公的資金が投入された朝銀系の金融機関『ハナ信用組合』（本店・東京都）から巨額の融資を受け建設していたのだ。

「十二十二」がオープンしたのは２０１７年12月だが、登記簿を見てみると、１８年1月31日付で同施設にハナ信組が極度額18億６０００万円の根抵当権を設定。さらに、施設が建つ敷地とその周辺の約３８００平方メートルの土地の「地上権」にもハナ信組が１７年４月７日に極度額15億円の根抵当権を設定しているのだ。

土地の所有者は平安神宮で、京都平安振興財団との間で２０１４年7月、定期借地権契約を締結。この契約に基づき同財団は同日付でこの土地に「地上権」を設定。ハナ信組の極度額15億円の融資はこの「地上権」に対して実行されたものだ。

さらに登記簿を見ていくと、商業施設「十二十二」は２０１８年1月25日付で、兵庫県内の中古車販売業者に〝仮差押え〟されている。

これらの事実を踏まえ、筆者はA氏に対し、最高裁判決で「暴力団密接交際者」と認定されたことなどの見解を問いただす質問状を送付したが、期日までに回答はなかった。

漢検協会「5000万円不当要求事件」

“別件の和解”として5000万円を要求された元漢検副理事長

当章で追っている漢検協会が、大久保昇元理事長父子に対して親族企業4社との取引で約25億円の損害を受けたとして賠償を求めていた訴訟が2018年5月14日に大阪高裁で和解した。

和解内容は、元理事長側が解決金として計約6億円（うち約2億5000万円は支払い済み）を漢検協会に支払うというもの。漢検協会をめぐっては、2009年6月に大久保元理事長父子が京都地検に背任罪で起訴され、14年12月、最高裁で懲役2年6ヵ月の有罪が確定している。

すでに刑期も終了し、継続中だった民事訴訟ともどもすべて終結したと思われていたが、実は和解問題に関して、別の民事訴訟がまだ続いているのだ。背景にあるのは、漢検協会と業務委託契約を締結し、漢検協会の『漢字文化振興コンソーシアム設立準備室副室長』の肩書で動いていたA氏。A氏は『一般財団法人京都平安振興財団』（以下、振興財団）代表理事で、昇氏の長男である大久保浩元漢検協会副理事長に対する「5000万円不当要求事件」に深く関与したという。

詳細は後述するが、この「5000万円不当要求事件」によって、大久保元理事長父子と漢検協会側との和解交渉（2009年9月11日スタート）が潰されたことから、15年11月19日、元漢検協会副理事長の大久保浩氏は、先のA氏（裏千家・千玄室元家元の元秘書、公明党国会議員元秘書）、漢検協会専務理事・K氏（元公明党京都市議、2018年死亡）、漢検協会を相手取り、1260万円の和解妨害行為損害賠償請求訴訟を起こしたのだ。このうち漢検協会への請求は、5月14日に「和解」したことから取り下げた。

訴状によると、「5000万円不当要求事件」とは、大久保氏側と漢検協会側との和解交渉が進んでいた最中の2011年3月5日、突然、大久保浩氏の元にK氏の意向を受けたA氏から、「これまで和解に反対していた（当時の）池坊保子・漢検協会理事長が解任されたから面談したい」とする申し出があった。そして、同月11日、14日及び8月13日に面談が行われた。

元副理事長を恫喝したA氏の本性

3月11日の最初の面談場所は京都市内の飲食店。この席でA氏は「Kの方から大久保さんさえよろしければ、和解の意思は十分にあるので、その辺りを聞かせてほしいというのがあって、本気です」と、和解話を始めた。そして、京都で起業、わずか5年でNTTドコモ代理店になり、いまでは東証一部上場の実質的オーナーを務めるT氏という人物について、こう切り出した。

「Kさんの方は、大久保さんの意向を聞いてほしいということでしたので、一つはそれがある。もう一つはTさんを外したい」

「なぜかというと、僕はもう（T氏と）30年の付き合いなんですが、Kさんとはもっと長くて40年近いんですけど、僕がKさんにTさんを紹介したんです」

「Kさんが決定的に嫌がっているのは、『Tは反社会勢力でしょう。認定を受けているよ』というのがありまして、確かにTさんの周りには多いんです」

さらにA氏は、T氏が地元京都の指定暴力団会津小鉄会の当時の会長や、同和運動団体のトップの秘書と懇意にし、それを背景に様々な仕事をしていると説明した。A氏はT氏の話を絡めたうえで、大久保氏に〝K氏に5000万円を謝礼として支払うことが漢検協会と和解をするための条件〟とした。そしてA氏は、

「Tさんからお金の話は何か出ましたか」

「Kさんはきれいごとを言うわけではなくて、欲しいんです」

「なのでその辺りを含めて、だから言うと逆にTさんは外したいというのもあるのですが、一切合切そういうことを含めて和解を考えませんかということだろうと思います」

「Tさんから財団運営で3000万円を返さないといけないと言われているんです」

「『そのお金で5000万円入ってきたら、3000万円はそれで返してくれよ』と、『僕が返すんですか』とかTさんには言っているんですが、財団運営は何も僕だけの責任ではない。Kさん

は返さないとはっきり言っている」

「『いや、分かりました。いいです。返すから』って、言ってたんです。返さないとは言っていない。そしたらその時、じゃあ、5000万円を大久保さんから頂いたら、3000万円は返してもらって、2000万円はKに渡したらええやんという話は確かにあったんです」

3月14日の2回目の面談は京都ホテルオークラ1階カフェで行われた。

大久保氏はA氏に対して「正式に依頼していない。もう少し考えさせてください。ここで和解のための礼金をKさんに払うのは賄賂に当たるんじゃないですか。その片棒を担ぐことになりませんか」と話を向けたところ、A氏は態度を豹変させ、今にも飛びかからんばかりの勢いで大久保氏を睨みつけながら、怒気を含んだ口調でこう述べたという。

「この前は分かったと言ったじゃないか。誰に入れ知恵されたんだ。もうすでにKはHさん（漢検協会理事＝故人）や高坂理事長に話をつけているんだ」と言いながら、足でテーブルを蹴り上げ恫喝した。

さらに、A氏は「今さらヤメだなんて言ったらどんなことになるのか分かっているのか。それに賄賂とは何だ。人にものを頼んだら、誠意を見せるのが当たり前じゃないか」とすごんだという。

いよいよ、A氏が本性を現したというところか。「5000万円不当要求事件」をさらに語っていこう。

A氏の言動はヤクザの脅し手口そっくり

２０１１年３月14日、京都ホテルオークラでの振興財団代表理事A氏による大久保浩氏（元漢検協会副理事長）への「５０００万円不当要求事件」はこう続いていく。

前述したように足でテーブルを蹴り上げたA氏は、さらにこう言って大久保氏を恫喝した。

「もうすぐ刑事裁判の公判が始まるんだろう。そこで証人として証言する漢検協会の職員は、事務局長のK（漢検協会専務理事）の考え方一つで、どんな証言でもするんだ」

さらに、ドスを利かせた低い声で、

「Kは〝漢検協会に検察が付いているからどんなことだってやれる〟と言っている。和解しなかったら困るだろう。５０００万円払うのか、払わないのか、はっきりしろ」

「何が賄賂だ。大人の選択をしたらどうだ」

と再度机を蹴った。返答に困っている大久保氏に顔を近づけ、怒気を含んだ声でこう脅したという。

「T（東証一部上場企業の実質的オーナー）には自分が言ったことや、会ったことは言うなよ。その他の誰にも、弁護士なんかにも絶対言うなよ」

A氏はのちに暴力団との親密交際が裁判所に認定されているが、このやり取りを聞いていると、ヤクザの脅し手口そっくりだ。

３度目の面談は同年８月13日、ホテル日航プリンセス京都のカフェダイニングで行われた。Ａ氏はこの面談でも、大久保氏に対して似たような行動に出ている。

「どういうつもりだ。あんたが新しく専任した弁護士がＫに電話をかけてきたが、Ｋは〝新たに弁護士を追加して交渉することは宣戦布告だ〟と言っている」

「今年の３月に和解の仲裁に謝礼を払うという件はどうなったんだ。弁護士を入れて条件交渉するのがあんたの答えなら〝全面的に争うことになる〟とＫは怒っている」

そして一転、言葉を和らげ「だけど、本音を言えばＫはお金が欲しいんだ。だから、いま自分がＫをなだめて、あんたが謝礼を払うなら何とか和解を進めることは可能なんだ」と語った。

〝和解謝礼〟要求の一部始終とその結末

沈黙する大久保氏。Ａ氏は睨みつけながら、

「あんたも漢検協会に（資産を）差し押さえられたままで、資金繰りに困っているんじゃないのか。和解で解除されなかったら会社が倒産するんじゃないのか。倒産したら自己破産になり、すべてを失うことになるんじゃないのか」

「漢検協会と和解して差し押さえられた資産から謝礼を払う。５０００万円の謝礼なんて、倒産してすべてを失うことに比べれば安いもんじゃないか」

「刑事裁判で漢検協会の証人は、あんたに不利な証言をしているだろう。このまま徹底抗戦して

も勝ち目はないぞ」

「マスコミだって漢検協会の味方なんだし、あんたが何を言ったって聞く耳持つわけがない」

さらに、矢継ぎ早にこう続けた。

「裁判所もマスコミの論調に同調するんだから、あんたに〝不利な判断になるに決まっている〟とKは強気で言っている」

「このまま和解できなければ、実刑だってあり得るというのがKの読みなんだ」

「Kの要求をのめなければ、すべての財産を失うように〝各所に働きかけるぞ〟とKは怒っている」

回答を躊躇する大久保氏に対し「黙っていても何も前に進まないぞ。これが最後のチャンスなんだから決断しろ。Kに謝礼を払えば済む話だ」と迫り、最後に再び「これが最後のチャンスなんだから」と捨て台詞を吐きながら机を蹴り上げ、その場からA氏は立ち去ったという。

結局、大久保氏は当時、背任での刑事裁判で無罪を主張していたことから、K、A両氏の提案を受け入れれば、任務違反行為に加担することになるとして〝謝礼〟を拒否した。

この金銭要求について、A氏が新潮社を名誉毀損で訴えた訴訟で大阪高裁はその判決文で、〈Aは京都市暴排条例における暴力団密接関係者とみなしうるとの法的な意見ないし論評を表明するにあたって、その前提とした事実はいずれも真実である〉と認定。

同時に〈Aは『山口組』や『会津小鉄会』など複数の指定暴力団の名前を挙げつつ、大久保と漢検との和解を仲介する見返りに『Ｋさんが和解をするからお礼として５０００万円出してほしいと言っている』『Ａと長年付き合いがあるＴは、暴力団や同和の力を借りて５００億円もの借金を踏み倒したという話をしたうえで、Ｋが漢検と大久保の和解をＴの関与なく行いたいとの意向と、謝礼が欲しいという希望をＫが有していることを伝え、大久保から５０００万円の金が入ってきたら、ＫがＴから返還を求められている３０００万円を返し、残りの２０００万円をＫに渡すという話があった』〉としている。

新潮社だけではなく、Ａ氏が市民を相手取った名誉毀損訴訟でも、反社会的勢力の名前を列挙しつつ、５０００万円を要求した事実が認定されているのだ。

大久保氏が京都地裁へ提訴した訴状によると、２０１１年７月、当時の漢検協会のＨ理事（故人）から和解の提案があり、話が進められている最中に前記のようなＡ氏らの介入によって、漢検協会との間で和解の締結をすることができなくなった。

和解が成立していれば、実刑判決ではなく、執行猶予判決がなされた可能性、あるいは懲役刑を短縮されたのは確実だったとしている。

和解妨害行為で大久保氏の資産が仮差し押さえられるなどしたことから、多額の借金をしたという。このため、Ａ、Ｋ両氏、漢検協会（和解で請求取り下げ）に１２６０万円の慰謝料を求めたのだ。

漢検事件はまだまだ未解決な闇が多い。

漢検協会「京都・時代祭館十二十二」出資の謎

時代祭館十二十二の建設に向けた「応天門プロジェクト」

「いやぁ、もう〝嵌(は)められたな〟のひと言ですわ」

憤懣(ふんまん)やるかたない表情で語るのは、『漢検協会に潜む暗闇』の項で取り上げた平安神宮境内の商業施設（京都・時代祭館十二十二）の最初の出資者だった不動産業者・奥野宏氏（仮名）だ。

奥野氏の怒りの矛先は、『一般財団法人京都平安振興財団』（以下、振興財団）代表理事のA氏に対してである。両者の間で一体何があったのか。

京都・時代祭館十二十二は「平安神宮を奉賛し奉り、京文化を世界に広く発信し、京都の文化・観光振興に資するとともに、伝統ある岡崎地域の活性化と発展に寄与することを目的」に同振興財団が建設した商業施設（2017年12月オープン）で、「応天門プロジェクト」とも名付けられた。

振興財団の理事にはA氏がかつて秘書を務めた裏千家の千玄室大宗匠、大手酒造メーカー『月桂冠』の大倉敬一相談役など京都の名士が就任している。

冒頭の奥野氏が事の経緯をこう説明する。

「最初にプロジェクトの話があったのは、２０１２年6月です。知人を介して振興財団のA氏から〝平安神宮敷地内の商業施設建設について資金10億円の融資をつけてほしい〟と依頼がありました。内訳は、立ち退き費用2億円、残りは商業施設の建設費ということでした。A氏によると、もともと同プロジェクトは２００８年末、千（玄室大宗匠）さんと九條（道弘・前平安神宮名誉宮司＝故人）さんから直々に〝岡崎地域と平安神宮をなんとかしたい〟と頼まれたそうです。しかし、銀行側がA氏では融資がつけられないと難色を示したので、『京都平安』という会社を新たに設立し、私が代表になって融資をしてもらうことにしました」

銀行が融資に難色を示した理由はもう一つあった。それは2億円の立ち退き費のことである。

奥野氏はその理由をこう説明する。

「当初、A氏が作成した事業計画には〝立退費２００百万円〟と書かれてありました。〝立退費〟などの記載があると普通、銀行はトラブル案件と見て融資を嫌がります。それで私が資料を作り直し〝契約金〟と名称を改めました」

この2億円（２００百万円）の立ち退き費用とは一体何のことか。奥野氏が話を続ける。

「実は、応天門の商業施設予定地の前には、昔から無許可で露店が出ていたのです。その一部が反社会的勢力と関係があったことから、このプロジェクトの最大の障害になっていたんです。私が依頼を受けたときは、すでに立ち退きは終わっていました。A氏は〝2億円かかった〟と言ってましたが、内実は明かしませんでした。〝立退費200百万円〟とA氏が事業計画に記載したのは、その支払いが済んでいなかったからなんです。立ち退きの仲介役をした暴力団からキツイ追い込みをかけられていたようで、2012年12月に私の自社物件とA氏の自宅を担保に、A氏に1000万円貸しました」

「信用ゼロの商取引」を横行させるA氏

一方、「応天門プロジェクト」の方は、大手ブライダル会社が参画をすると返答してきたことから2013年1月下旬、銀行から融資の内諾が出たとの連絡があった。「応天門プロジェクト」の予定地は、あくまで借地。そのため銀行から注文があった。『京都平安』のサブリース会社として13年2月、知人から東京都のB社を紹介された。

B社の社長は奥野氏に「サブリースの件は任せておけ。契約金2億円も出す」と語ったが、その後、連絡が途絶えた。奥野氏は、B社が〝サブリース、契約金2億円の件〟を断ったものとして理解した。

奥野氏は振興財団のA氏から「3月末までに支払わなければ契約を解除する」と通告されていたため、金主を探した。資金調達の目処がたった2013年4月1日にA氏と面談。平安神宮から振興財団宛ての全権委任状を確認した上で、3000万円を支払った。

その際、「全権委任状のコピーが欲しい」とA氏に要求したが、なぜか拒否された。そこで残り1億7000万円を支払い契約を交わす折には、平安神宮の契約承認の「50年定期借地権に関する議事録」を添付してほしいと頼み、A氏も了解したという。

そして4月17日、『京都平安』と振興財団が「事業用転借地権設定契約」を締結し、契約金2億円の残金1億7000万円を支払った。しかし、ここでも約束していた平安神宮の議事録を出さなかった。A氏は「1週間以内に発行する」と言明したが、5月下旬、突如、A氏から契約解除との連絡が入り、6月2日、内容証明郵便で契約解除の「通知書」が送られてきたのだ。

奥野氏はこう振り返る。

「なかなか議事録が届かないので内心、〝騙されたのでは……〟と思っていました。どう考えてもおかしいので、予定地の土地登記簿を見たところ、案の定、7月17日付で振興財団が地上権を設定し、『京都平安振興会』という聞いたこともない会社が、振興財団を債務者として根抵当権を設定していました。それも『京都平安振興会』代表取締役の2人は、先のB社の役員と振興財団の評議員でした。B社の社長も役員に入っていました。しかも、会社設立は私に契約破棄を通告する前の2013年5月20日です。私と契約書を交わし、2億円の契約金まで支払っていたのに裏で手を組んでいたんです。普通、商取引でこんなことしたら信用ゼロです。A氏はこんなことを平気でやるんですよ」

この話には後日談がある。

「その後、B社もまたA氏から離れた」（関係者）というのだ。
〝漢検協会の暗闇〟は、まだまだ深い。

天に唾する宗教法人ヤミ金事件

宗教を隠れ蓑にした特異なヤミ金商法

核兵器廃絶を願う「女神像」を長崎県内に建立する名目で寄付金を募り、その実、「ヤミ金融」を営んでいた宗教法人代表らが摘発されたのは２０１７年11月。同事件にからんで計７人が出資法違反（超高金利）や無登録の貸金業法違反の容疑で逮捕され、宗教法人代表の初公判が２０１８年２月７日に神戸地裁で開かれた。その後の４月27日、代表の立石被告が死亡したことから、神戸地裁は同年７月に公訴棄却した。

この事件では、少なくとも42都道府県で約３８０の個人・法人に約10億７０００万円を高利で貸し付け、およそ16億円を回収するなど被害は全国に広がっていた。被害者の多くは中小零細業者で、背景には資金繰りに苦しむ弱みにつけ込んだ悪徳宗教法人のヤミ金商法があった。兵庫県警は２０１８年２月、宗教法人をよそおって約５億円の収益を上げたとして、宗教法人と代表らを国税局に課税通報した。

事件の舞台になったのは、佐賀県伊万里市の宗教法人『至誠光魂寺（しせいこんごうじ）』。兵庫、佐賀、新潟の３県警合同捜査本部が逮捕に踏み切ったのは、２０１７年11月１日。出資法違反の疑いで代表の立石扇山被告（77）とその息子ら４人を逮捕したのが始まりだ。12月12日には新たに１人、さらに２０１８年１月11日、東京都の会社役員ら２人を逮捕し、計７人が摘発された。

どんな手口で中小零細業者らを騙していたのか。

基本的に宗教法人が生活困窮者の信者を助けるため、非営利で融資することは認められており、お布施など宗教上の活動で得た収入は非課税だ。立石被告は以前、貸金業を営んでおり、その知識を活用して巧妙な手口を考案していた。

筆者の手元に『長崎女神平和公園開発事業計画』と題したパンフレットがある。まず、立石被告が始めたのがこの「反核平和の女神像建立」を名目にした寄付金集め。総工費50億円と銘打ち、立石被告は「一般財団法人長崎女神平和公園振興会」代表理事の肩書で、個人１口２０００円、法人１口１万円から寄付金を募った。しかし、これはあくまで「名目」にすぎず、実態はヤミ金の貸し付けだ。

立石被告は、借主へファックスで「長崎平和の女神像建立」賛助会員への申し込み、そして同女神像建立を謳う「一般財団法人長崎女神平和公園振興会」への寄付金も要請。その上で、融資希望額と寄付金の合計分の約束手形を振り出させて郵送させ、希望額を貸し付けていた。つまり、寄付金は「利息」代わりになっていたわけである。

社会部記者はヤミ金の手口をこう語る。

「被害者の大半は資金繰りに行き詰まった零細業者です。立石被告は以前、貸金登録業者でしたが、非弁活動で処分され、貸金業の資格を失っています。その貸金業の時に培ったノウハウなどで借金をしている零細業者をターゲットに、長崎女神平和記念像の寄付金とセットで高利貸しすることを思いついたのでしょう。口コミで広がったようです。もともと父親が伊万里市で山寺の住職をしており、宗教法人の資格も取得していた。それで宗教法人を隠れ蓑にしてヤミ金をやっていたというわけです。例えば、被害にあった某零細業者の場合、30万円の融資を受けるため42万円の手形を振り出して郵送。そのうちの12万円は一般財団法人への寄付金名目でした。返済が滞れば、〝ネイチャーパワー〟が含まれるという〝鍋島焼〟の茶碗やシールを数万円で購入させる。すると元金の先延ばしをしてもらえる仕組みだが、当然、借金は雪だるま式に膨らみ、その分、被害額が増えます」

「反核平和」を掲げカネ集めのヤミ金融

当の立石被告は、こう開き直っていたという。

「会員が宗教活動を行うための資金援助で貸金ではない。利息ではなく、あくまで寄付で違法性はまったくない」

しかし、長崎県内に女神像を建立するという実態はなく、被害者も立石被告が代表を務める宗教法人の信者でもなかった。

合同捜査本部が立件したのは、約３８０の個人・法人。例を挙げると——。

▼立石被告は、宗教法人の職員として金銭貸付業務に従事していた他の４人の被告とともに、Ａ社に対し30万円を貸し付けた際、コーヒー茶碗を利息代わりに購入させ、法定利息１日当たり０・３％の利息合計を超える４万３６９２円を支払わせていた。

▼立石被告は他の３人と共謀し、Ｃ社など４社に対して４０４万円を貸し付けた際、長崎女神像建立寄付金名目で20回にわたり、法定利息１日０・３％の利息合計を超える78万６２９０円を取得していた……。

実は、この宗教法人を隠れ蓑にしたヤミ金商法にはもう一つ裏があった。東京都内に媒介業者がいたのだ。

この媒介業者は、東京都足立区の会社役員と無職の男の２人。合同捜査本部の調べによると、２人は貸金業無許可業者であるにもかかわらず、立石被告が代表を務める宗教法人至誠光魂寺が愛知県の２人の男性に対し１００万円を貸し付けた際、媒介手数料として２人の男性から10万円を超えるカネを取っていた。

もともと媒介業者は名簿業者から買った借金を抱える中小企業へランダムに電話し、ヤミ金業者を紹介することを生業（なりわい）としている。その一つが至誠光魂寺だったわけで、他のヤミ金にも客を紹介していた。

先の社会部記者は言う。

「資金繰りに行き詰まった零細業者はワラをもつかむ思いで飛びついた揚げ句、地獄へ突き落とされたようなもの。債務者を扱う名簿業者がいて、それでみんなカモにされている。立石被告は〝長崎に50メートルの反核平和像を建立し、予定地15万坪のうち2万坪ほど購入していた〟と話していましたが、本当かどうか分かりません。被爆者を冒瀆（ぼうとく）した事件といってもいい」

「反核平和」を掲げて、困窮する中小零細業者から高金利でカネを毟（むし）り取る……。

まさに天に唾する悪徳商法だ。

西本願寺「三夜荘」跡地〝詐欺騒動〟

寺側に全く関知させない中での暗躍

「新聞報道で初めて知りビックリしました。それも、パンフレットまで作っていたなんて。西本願寺は全く無関係です。『京都新聞』が最初に夕刊で記事を載せ、マスコミ数社から問い合わせがあり、翌日、大手紙も記事にしました。（西本願寺の）上の方のことは分かりませんが、少なくとも私どもの部署に警察からの問い合わせはありません」

こう言って驚きの表情を隠さないのは、浄土真宗本願寺派本山・西本願寺（京都市）の広報担当者だ。

西本願寺本山が驚愕したのも無理はない。同寺所有地に老人ホームを建設するとの架空の投資話を京都市下京区の男性（75）に持ち掛け、現金3500万円を騙し取ったとして3人の男が詐欺容疑で京都府警に逮捕されたからだ。地元の『京都新聞』が2018年2月16日付夕刊で速報した。

翌17日付の朝刊各紙は、逮捕者3人の中にバブル期に日本全国をまたにかけた病院乗っ取りの通称『新田グループ』の元代表で元医療コンサルタントの新田修士氏（77）がいることを報じた（3月に処分保留で釈放）。

警察発表によると、詐欺の舞台になったのは、京都市伏見区にある西本願寺の別荘『三夜荘（さんやそう）』跡地。2016年6月、新田氏らは被害者の男性に「三夜荘跡地に老人ホームを建設する。出資金を10倍にして返す」「西本願寺の信徒が入居するので赤字にならない」などと持ちかけ、カネを騙し取った疑いが持たれた。その際、偽のパンフレットや事業計画書を示したという。

三夜荘は第21代門主の大谷光尊によって1876年（明治9年）、静養や来賓の接待などのために宇治川沿いの高台に建てられた。木戸孝允が命名し、伊藤博文などが滞在したとされている。建物が老朽化したため、2016年2月に解体されたが、詐欺騒動が起きたのはその直後のことだった。

ベテランの社会部記者は背景についてこう解説する。

「逮捕者3人の中には、元ゼネコン幹部がいます。業界関係者から事前に三夜荘の解体情報を入手したんでしょう。それにしても、病院乗っ取りで名を馳せたあの新田修士氏がいたなんて驚きです。もう過去の人と思っていましたから」

この社会部記者と同様、筆者も新田修士氏の名前が出てきた逮捕報道には正直驚いた。「とうの昔に引退したと思っていたら、まだ悪さをやっていたのか」と。

読者諸氏には、新田修士氏、あるいは新田グループについて知らない人が多いと思う。そこで彼らがやってきた悪行の数々、ブラックマネーの黒歴史について振り返っておきたい。

病院乗っ取りのドンの久々の復活登場

日本にはこれまで「病院乗っ取り3大グループ」と呼ばれる悪徳業者がいたが、その中で最も有名なのが、一時期、100の病院を傘下に収めたといわれる新田グループだ。これまでの報道などによると、元代表の新田修士氏は、1940年生まれ。大阪府堺市の商業高校卒業後、酒屋を営んでいたが、他人の借金の連帯保証人になったことで倒産。薬卸業に転業し、病院に出入りするようになったことから、診療報酬債権を担保に融資する手法を編み出したといわれる。

1970年頃から、貸金業を営むとともに経営不振の病院乗っ取りを図るブローカーとして病院関係者に知られるようになった。しかし、闇金ビジネスだったことから、貸金業規制法違反容疑で摘発された。その後、医療コンサルタント会社を設立し、老人ホームの経営なども手掛けたが、失敗。

反社会的勢力を金主にして病院乗っ取りに本格的に手を染めたのは、バブル終焉期の1990年代初め。医師や経理に詳しい者もスタッフに抱えていた。

例えば、暴力団を金主に配下を送り込み、乗っ取って手形を乱発、1993年1月に逮捕され、有罪判決を受けた新潟県の弁天橋病院事件を起こしている。

筆者自身が取材し記事にしたことがある三重県・榊原温泉『榊原グランドホテル』系列の榊原みのり会病院事件にも関与していた。医師、看護師など、職員への給与未払い問題を抱えるなど泥沼状態に陥っていた同病院に新田氏が接近したのは1992年暮れで、融資話を持ち込んだ。翌93年春に就任した同病院の理事長は、新田氏が紹介した人物といわれた。しかし、同病院は93年3月末、2度目の不渡りを出し、負債80億円を抱えて倒産した。

この中には、1991年7月、〝戦後最大の経済事件〟と言われたイトマン事件に絡み、大阪地検特捜部が特別背任容疑で逮捕した故南野洋氏が理事長をしていた旧大阪府民信用組合からの12億円の融資も含まれていた。負債の大半は、1994年春に倒産（負債200億円）した榊原グランドホテルが進めたゴルフ場開発の投資などに消えていた。榊原グランドホテルも、旧大阪府民信組から100億円の融資を受けていた。

新田氏は、先の弁天橋病院事件で実刑判決を受け「仮出獄」すると、再び病院乗っ取り稼業を開始。十数人のスタッフを抱え、2002年秋頃から、経営危機に陥った大阪市の医療法人『浄和会』と東京都青梅市の同『寿光会』の経営に介入し、両医療法人から合計約3億5200万円を横領したとして起訴された。

浄和会に融資話を持ち掛けた際は、「秘密資金がついている」として、いわゆる「M資金」の説明をしたという。その新田氏は、先の二つの医療法人の資金横領事件の大阪地裁第2回公判（2004年8月17日）で、「被害はすべて弁償する。グループは解散する」と表明していた。

今回の西本願寺別荘を舞台にした詐欺騒動については、処分保留のまま釈放され、他の2人とともに不起訴処分となった。

日本三大禅宗「黄檗宗」を舞台にした詐欺事件

黄檗宗・安城寺住職とともにPL教団2代教祖の血縁⁉

宗教施設の建て替え工事を装い、建設会社から3億円を騙し取ったり、融資を焦げ付かせるなどしたとして詐欺と背任などの罪に問われていた愛媛県松山市の寺の住職に対して2018年5月7日、大阪地裁は「社会的地位を利用し、多額の金銭を騙し取った悪質な犯行」として懲役6年の実刑判決を言い渡した。

有罪判決を受けたのは、日本三大禅宗の一つとして知られる黄檗（おうばく）宗（本山・萬福寺）の末寺『安城寺』住職の片井徳久被告（57）。黄檗宗内部でスキャンダルの噂が立ち、政治結社が宗務総長（当時）に抗議文を出すなどの騒ぎになるまで全日本仏教会副会長を務めていた宗教界の重鎮だ。

判決によると、片井被告は、松山市内で飲食店を経営する自称・檀家総代の宇都宮貞史被告（42）＝同罪で公判中＝と共謀し、石川県内の建設会社から、計画が存在しなかったにもかかわらず、黄檗宗関係施設である青少年文化研修道場の改修工事及び萬福寺が所有する事業施設・黄龍閣の建て替え工事が行われるとして、建設保証金3億円を詐取したとされる。

事件の発端はおよそ6年前の2013年4月だ。本山の萬福寺及び同研修道場で、宇都宮被告自らが建設会社代表にこう嘘を言ったという。

「工事は、青少年文化研修道場の改修工事と萬福寺黄龍閣の建て替え工事の2件です。工事予算は研修道場が17億円、黄龍閣が5億円。先に建設保証金として3億円出してもらう。この3億円は請負工事代金に含めて返します。3億円は、研修道場の理事を入れ替えるために使います」

「2件の工事とも、黄檗宗萬福寺が末寺から集める寄付金で賄います。2件の工事とも黄檗宗の許可が出ています」

建設会社代表はこの話を信じ、同年5月30日、宇都宮被告の銀行口座に2億円を振り込み、翌31日には、研修道場で現金1億円を同被告に渡したという。支払われた3億円のうち、少なくとも2300万円が片井被告の手元に流れていた。

それにしても、なぜ建設会社代表は黄檗宗関連の建設工事が実施されることを信じたのか。判決では「被告人（片井被告）が黄檗宗の末寺・安城寺の住職及びPL教団（本部・大阪府富田林市）2代教祖の血縁という地位を信用した」からとしている。片井被告がどうして新興宗教のPL教団の2代目教祖と血縁関係があったのか。

事情を知る関係者によると、片井被告は御木姓も名乗って活動しており、高校野球で有名なP

L学園出身。3代にわたる教祖一族は御木家で、片井被告は2代目教祖の長女で、当代3代目教祖・御木貴日止（たかひと）氏の姉に当たる御木白日（しらひ）氏と養子縁組し、御木家の縁者になったという。こうしたことから、松山市では御木徳久の名前で活動。周囲には「PL教団を継ぐ」と公言していたともいわれている。

金銭貸借の場にPL教団本部を使う

政治結社が当時萬福寺の宗務総長を務めていたA氏にあてた抗議文では、〈貴殿が理事長を務めていた「一般財団法人青少年文化研修道場」を御木徳久以下に実質的に引き渡し、その見返りに多額の金員を受領したといわれているが事実か〉と問われている。

金員の授受があったかどうかは不明だが、片井被告は公判で概ね次のように証言している。

▼2011年3月頃、A宗務総長から、青少年文化研修道場の理事長を交代してくれないかという話があった。道場の建て替え工事についていては、黄檗宗にはカネがないので、誰かに依頼したいということだった。

▼各工事の金額は研修道場が約8億〜10億円、黄龍閣が約5億〜10億円。

▼各工事については宇都宮被告が「自分で支払う」と言っており、2012年には「海外から100億円の融資が受けられるので工事は大丈夫だ」と言っていたので信頼していた。

▼研修道場と黄龍閣の工事の発注権限は宗務総長にあるとして、他に手続きは必要ないと思って

いた。

▼宇都宮被告は宗務総長から「委任状をもらっていた」と話していたので、工事発注については問題ないと思っていた。

両被告が話していた通り、実際、一般財団法人青少年文化研修道場の理事長に片井被告、理事に宇都宮被告が就任している。

事の真相についてA前宗務総長から話を聞くため、住職を務める愛知県名古屋市内の寺院に取材を申し入れようと、ＮＴＴに問い合わせたが、「電話番号は登録されていない」とのことだった。そのため黄檗宗の現宗務総長である盛井幸道氏に電話で取材すると、こんな答えが返ってきた。

「改修計画はあったかも知れないが、よく分からない。宗会（国で言えば国会にあたる最高機関）に提案されたことはなく、当然、議決したこともない。（金銭スキャンダルについては）噂程度のことは知っていたが、宗門として確認したとか、宗門の財政にお金が入ったということはない。A前宗務総長は任期満了（２０１６年1月11日付）で退任しています」

片井被告の有罪判決を構成するもう一つの事件がある。安城寺及び同被告が所有する不動産を担保に大阪の業者から1億５０００万円を借りながら返済せず、法務局の登記官を騙して所有権移転を妨害したというものだ。

金銭の貸し借りはＰＬ教団本部で行われていた。また、共謀した宇都宮被告は演歌歌手で地元ラジオ局のパーソナリティーも務めるなどの有名人だった。

日大・田中理事長人脈と金脈

アメフト部問題を発端に暴かれる理事長の裏人脈

2018年の国民の最大関心事の一つとなった日本大学アメフト部選手による関西学院大QBへの危険タックル問題。日大の内田正人前監督（62）と井上奨(つとむ)前コーチ（30）が関東学生アメリカンフットボール連盟から永久追放された（5月29日）。

さらに、世論の批判の高まりも相まって16学部、学生数7万人超、収入1882億円の日大で常務理事を務める内田氏は翌30日、辞任に追い込まれた。内田氏は兼任人事部長、体育会の予算配分権限を持つ保健体育審議会事務局長にも就任するなど事実上の日大ナンバー2といわれていた。

その内田氏の背後にいたのが「日大のドン」こと田中英壽理事長（71）だ。5月6日の事件発

田中英壽理事長

生以来、沈黙していた日大教職員組合が5月24日、「田中理事長は記者会見を開いて被害者らに謝罪し、信頼回復に向けて大学の抜本的改革に乗り出すよう」などの声明文を出した（日大教職員組合文理学部支部長名）。

31日には内田前常務理事の辞任ではない解任、田中理事長、大塚吉兵衛学長の辞職を1ヵ月後の6月30日までに実行するよう求める要求書を大学側に提出した。危険タックル問題は、田中理事長の去就に焦点があてられる事態になった。

田中理事長は青森県出身。地元高校の相撲部を経て1965年、日大経済学部に進学。相撲部の選手として3年生時に学生横綱となった。また3度のアマチュア横綱をはじめ、のべ34のタイトルを獲得。1980年に現役引退し、83年に日大相撲部監督就任。角界に多くの日大相撲部出身者を送り出すなど、相撲界に大きな影響力を持ってきた。現在は同相撲部総監督で、理事長には2008年に上りつめている。

また、1994年には財団法人日本オリンピック委員会（JOC）の理事、2013年から17年までJOC副会長を務めた。この間の14年2月、海外メディアが暴力団会長らとのスリーショット写真をスクープ。東京五輪は「ザ・ヤクザオリンピック」と報じた。さらに、同年9月にも別の暴力団組長とのツーショット写真が流出し、海外メディアが掲載した。

裏社会と田中理事長との交際は金銭疑惑スキャンダルと合わせ、2015年4月に国会でも取り上げられた。

金銭疑惑スキャンダルとは、２０１３年2月、『読売新聞』が社会面トップ記事で取り上げた受注業者からのキックバック疑惑。田中理事長が日大の工事を受注している業者から約6年間に約５００万円を受け取っていたというものだ。

日大には国から年間約１００億円の助成金が出ていた。当時の下村博文・文科大臣は「調査」を約束したが、ツーショット写真について田中理事長側は「合成写真」と否定、金銭疑惑もウヤムヤのまま収束し、２０１７年、日大理事長4期目の再選を果たした。

許永中との「ズブズブ関係」もはっきりした

田中理事長と裏社会の関係筋は他にもある。フィクサーとして有名なイトマン事件の元被告・許永中氏との親交だ。

許永中氏が全盛期にコリアンタウンを夢見たとされる大阪市北区中崎。そこにいまは取り壊されてないが、許氏の豪邸と極真空手道場、そして不動明王を中心に石碑が建ち並び、小さいものの、豪華な神社があった（現在、石碑は取り壊され不動明王だけ隣接地に移設）。

許永中

正式名称は『ひがし茶屋町西向不動尊』で、別名〝許永中神社〟とも呼ばれた。建立されたのは、およそ22年前の１９９６年12月。石灯籠や石碑に刻まれた寄進者の名前を見ていくと、田中森一（もりかず）、山段芳春、吉永透、井手野下秀守、川島国良、境川尚、そして田中英壽、瀬在幸安などと刻まれていた。

裏社会の守護神とされた元特捜部検事で、弁護士の田中森一氏をはじめ、京都のフィクサーだった山段芳春氏など、いずれも許永中氏ゆかりの人物たちである。そのうちの1人が田中英壽氏であることを示す、まぎれもない証拠である。

田中氏と並ぶ石碑に刻まれた当時の日大総長だった瀬在幸安氏の場合、一部報道によると田中氏が無断で寄進したものだったことが分かり、怒った瀬在総長は名前を削らせたという。

なぜ、田中氏と許永中氏が接点を持ったのか。それは、許氏の金儲けのための大風呂敷でもあった相撲を競技種目に加えた大阪オリンピック誘致と大阪国技館建設構想にあった。

許氏が石油卸商『石橋産業』（東京）から額面約180億円の手形を騙し取ったとして田中森一弁護士とともに東京地検特捜部に逮捕されたのは、2000年3月。

この事件に絡んで石橋産業関連の不動産会社『エイチ・アール・ロイヤル』（東京）の林雅三社長（当時）が東京地検特捜部に提出した陳述書によると、1996年3月中旬、林社長は先の大阪市北区中崎の豪邸で日本相撲協会の境川尚理事長（横綱佐田の山）から許氏を紹介されたという。

〈会席の中央には、境川理事長が座り、日大相撲部監督で日本オリンピック委員の田中英壽氏や関取が3人いた〉

〈許永中は、国技である相撲をオリンピックの種目に加えることが一番の目玉。幸い今日はプロの相撲のトップ（境川理事長）、アマチュア相撲のトップ（田中日大相撲部監督）がいるので鬼に金棒などと持論をしゃべった〉

いまから半世紀前の１９６８年から６９年にかけて日大では、理工学部教授が裏口入学斡旋で受け取ったカネを脱税したことに加え、国税局の調査で日大当局の巨額使途不明金が発覚したことを契機にして、学生による日大闘争が巻き起こった。この時、指弾されたのが当時の古田重二良会頭による独裁体制だった。

歴史は繰り返すというが田中独裁体制は崩壊の道へ突き進むのか。

日大・危機管理学部の逆アピールとなったアメフト部問題の対応

「今回の問題は、危機管理を学ぶ上で不祥事件に対応する教訓の宝庫です」（『週刊文春』６月７日号より）

日大アメフト部員の危険タックル問題で「てんで、なっていない」と火の粉を浴びたのが、危機管理学部（福田弥夫学部長）だ。５月23日の内田正人前監督、井上奨前コーチの釈明記者会見では、司会を務めた広報部顧問の米倉久邦氏（元共同通信社論説委員長）が「キリがない」と質問を打ち切ったことで報道陣の怒りを買った。記者から「日大のブランドが落ちますよ」と抗議すると、米倉氏は「落ちません！」と言い放ち、さらなる批判を浴びるハメになった。

冒頭の発言は5月25日、日大三軒茶屋キャンパスで行われた学生向けの説明会で、福田学部長が涙目で釈明したものだ。

危機管理学部のデジタルパンフレットの表紙では「予測不能を私たちは科学する」とアピールしているのに、今回の危険タックル問題は、題目とは裏腹に日大の危機管理など全く機能していないことを証明したようなもの。危機管理学部の目標はいわゆる企業防衛とは違い、「災害」「テロ」「戦争」「情報」の4つで、あくまで「国家の危機管理」なのだが、どこかむなしく感じてならない。

同学部が開設されたのは2016年。教授は20人いるが、約半数の9人が警察、検察、自衛隊、公安調査庁など治安組織のOBで、まさにおいしい天下り先とも言える。

その9人の教授は——。

①山梨、栃木、埼玉の各県警本部長を歴任した金山泰介氏

②鹿児島、群馬、埼玉の各県警本部長を歴任、外務省、防衛省、内閣官房にも勤務した茂田忠良氏

③警察官出身で外務省出向を経て警察庁警備局に在籍した河本志朗氏

④法務省元入国管理局長の髙宅茂氏

⑤公安調査庁元東北公安調査局長の安部川元伸氏

⑥防衛大学校出身で総理府を経て防衛大准教授を務めた川中敬一氏

⑦防衛大学校出身で内閣官房内閣情報調査室勤務を経て陸上自衛隊第一地対艦ミサイル連隊長などを歴任、退官時は陸将補の吉富望氏
⑧元防衛省幹部だった木原淳氏
⑨検察OBで中国の日本大使館勤務経験もあり、退官時は京都地検検事正だった太田茂氏

先の『週刊文春』によると、日大が危機管理学部を設立したのは、警察官僚OBの亀井静香前衆院議員が田中英壽理事長に働きかけたのが発端。その亀井氏から声をかけられた國松孝次元警察庁長官が、原田明夫元検事総長（故人）に協力を求め、元統合幕僚会議議長の西元徹也氏や元外務省北米局長の佐藤行雄氏らと理念やカリキュラムについて議論し、提言書を田中理事長に提出したという。

日大の危機管理学部設立に詳しい在京の大手マスコミ記者は警察官僚OBと田中理事長との蜜月ぶりについて、こう解説する。

「約2年前の2016年4月2日に東京・渋谷区内のホテルで日大の危機管理学部とスポーツ科学部の開校祝賀会が開かれました。2つの学部新設は日大創立130周年事業の一環です。祝賀会のメインテーブルには、田中理事長をはじめ野田健元警視総監、亀井氏、森喜朗元首相、國松元警察庁長官などが顔を揃えていました」

亀井静香

『週刊文春』によると、危機管理学部の1階エントランスに飾られた

有名画家の巨大な富士山の絵画は、イトマン事件の元被告・許永中氏の盟友でもあった亀井氏の勧めで購入したもの。その価格はなんと9900万円だったという。

安倍晋三首相

日大問題は日本の国家権力の中枢と繋がっている

ところで、あまり名前を聞かない危機管理学部は全国の大学にいくつあるのか。

実は、日大を含め3校しかないのだ。他の2校は千葉科学大学（2004年開設）と倉敷芸術科学大学（2017年開設）。なんと日大以外はあの加計学園系列の大学なのだ。

2005年5月の千葉科学大学開学式典には、当時、自民党の幹事長だった安倍晋三首相が出席し開設を祝った。加計学園の加計孝太郎理事長を「腹心の友」と呼んだことが、のちに広く知れ渡ることになったのは同大学創立10周年記念行事での安倍首相の祝賀挨拶だ。

安倍首相側近の萩生田光一幹事長代行が落選中に同大学危機管理学部の客員教授に就任し、報酬を得ていたことは自ら国会で認めている。

数ある日本の大学でわずか3校しかない危機管理学部には、実は聞き慣れない上部団体がある。『日本安全保障・危機管理学会』だ。設立は2005年。同学会のホームページを見ると、なんと名誉会長は安倍首相だ。もっとも、学会とはいっても役員に名を連ねるのは警察OBや自衛隊OBだ。

２０１７年6月1日付の役員名簿によると、会長は不在で、副会長は井上幸彦元警視総監、理事長は二見宣元陸自業務学校副校長、副理事長は村木裕世元空自第2術科学校長、古市達郎元公安調査庁近畿公安調査局長などだ。

また、特別顧問は出雲大社宮司の千家尊祐氏、名誉顧問は渡辺喜美参院議員、顧問には、自民党の中谷元元防衛相、菅原一秀衆院議員。大塚拓衆院議員、小田原潔衆院議員、佐藤正久参院議員、宇都隆史参院議員、和田政宗参院議員、無所属の柿沢未途衆院議員らが名前を連ねている。

二見理事長は２０１８年度の年頭挨拶で「明治１５０年を機に日本人による〝新憲法を制定〟し、占領条項がある国連や片務的な〝日米安保条約〟を改正し、平和な国として再漸進したいものです」と改憲を訴えている。

実は、『日本安全保障・危機管理学会』の顧問の大半は、日本最大の右派組織「日本会議」のメンバーでもあるのだ。安倍首相をはじめ、自民党国会議員、そして出雲大社も入っている。日大問題は日本の権力中枢と繋がっているのだ。

２０１９年2月5日、警視庁は傷害容疑で刑事告訴されていた内田正人前監督と井上奨前コーチに「傷害の指示は認められなかった」とする捜査結果を東京地検立川支部に書類送付した。これを受け、検察庁は両氏の起訴を見送る方針を示した。

第5章
東京に巣くう利権の蠢き

東京都が五輪選手村9割値引き売却の怪

都から天下り　デベロッパー11社との官製談合疑惑

巨大クレーンが林立する東京・晴海ふ頭。２０２０年に開催される東京五輪の選手村建設が進んでいる。メインスタンドの国立競技場建設をはじめ、ゴタゴタ続きだった東京五輪問題は、一見、沈静化したと思われているが、依然として不可解な話が多い。

建設中の選手村もその一つだ。東京都が都有地13・4ヘクタールを公示価格に比べ９割も値引きして１２９億６０００万円で三井不動産レジデンシャルなど大手デベロッパー11社に売却したことが問題になり、住民訴訟が起きている。「投げ売りは違法」として都民33人が２０１７年８月17日、小池百合子都知事らに、適正価格との差額を賠償させるよう都に求めて東京地裁に提訴したのだ。

住民団体『晴海選手村土地投げ売りを正す会』の市川隆夫事務局長は、怒りを込めてこう言う。

「売却価格は周辺地価と比べ10分の1の1平方メートル当たり９万６７００円（1坪約33万円）。

8億円の値引きが問題になっている大阪の『森友学園』よりもアッと驚く値引きです。晴海の選手村予定地は、銀座から3キロメートル、都営大江戸線『勝どき駅』から徒歩10分の1等地。元々、防潮堤の外側で住宅を建てられなかったものを、都が2・5メートル盛土し、道路、上下水道等を540億円かけて基盤整備したのです。相場では1300億円するものを10分の1で売った。売る際も都市再開発法の脱法的手続きをしています。受注した11社の大半は東京五輪のスポンサーです。しかも、都庁幹部の天下り先。事業協力者として早くから都と事前に相談しており、官民癒着の官製談合疑惑があります」

ここで晴海選手村開発の経過を振り返っておこう。

都知事が舛添要一氏だった2016年4月1日、東京都は晴海五丁目西地区再開発第一種市街地再開発事業の施行を、認可庁・監督官庁が同じ東京都に提出した。

晴海の市街地再開発計画は開発全体面積18ヘクタール、うち住宅用地は13・4ヘクタールで選手村用の14～18階建て22棟を建設する予定だ。オリンピック終了後は50階建てのタワーマンション2棟（分譲・賃貸用の総戸数5950戸）、他にも4階建て商業棟1棟を建てるという。

先のインフラ整備費約540億円は、2020年7月24日から8月9日までのわずか17日間の東京五輪ではなく、その後を見据えたデベロッパーのためのもの。まさにオリンピックを利用した金儲けなのである。

東京都が3役の「1人芝居」を行っている

話を「東京都の投げ売り」に戻す。

2016年4月22日、東京都は再開発事業を認可し、同日、東京都保留床等処分運営委員会は、敷地の処分価格を129億6000万円と決定した。4月22日から4月26日の間に、地権者である東京都は、再開発で建築された建物の権利床を放棄することを申し出た。4月26日、認可庁・監督官庁の東京都は、都が129億6000万円の転出補償金を得て放棄する内容の権利変換計画を認可し、5月25日確定した。

事の経過を見ての通り、地方公共団体の東京都が晴海の更地の単一の所有者（地権者）であり、かつ開発事業の個人施行者であると同時に許認可権者という1人3役を担っているわけだから、健全なチェック機能が働くはずがない。

地方自治法では、公有地の売却は、一般の市場価格並みの評価で譲渡すべきと定められているが、条例、議会、東京都財産評価審議会にも譲渡価格は諮(はか)られていない。東京都保留床等処分運営委員会に報告された近隣の公示価格は、晴海五丁目の住宅地で1平方メートル当たり89万5000円、晴海三丁目の商業地で同じく132万円、勝どき三丁目の住宅地で103万円だった。それがオリンピック村の敷地は前述したように9万6700円と、10分の1の価格だったのだ。

一方、東京都は2016年5月13日、敷地価格129億6000万円を前提に、特定業者を募集していた。7月28日には、三井不動産レジデンシャル、NTT都市開発、新日鉄興和不動産、大和ハウス、東急不動産、東京建物、野村不動産など特定業者11社を決定。そして、12月5日、東京都は11社と総額129億6000万円で敷地譲渡契約を締結したのだ。

なぜ、こんなことがまかり通ったのか。

先の『晴海選手村土地投げ売りを正す会』の市川事務局長はこう解説する。

「一つは都市再開発法108条項の悪用です。施行者の都知事が単独所有者である〝都知事〟から敷地を取得したから、その敷地の〝管理処分については当該地方公共団体の財産の管理処分に関する法令の規定は適用しない〟でいいという条項を使って規制の適用除外を図ったんです。もう一つ、都市再開発法110条も悪用しています。110条は〝施行者は施設区域内の土地に関し権利を有するもの全ての同意を得た時は、第80条（近傍類似の土地の取引価格を考慮して定める相当の価格としなければならない）の規定によらないで権利変換計画を定める事ができる〟とされており、施行者である東京都は単独所有者である〝東京都〟の同意があったとして、10分の1の価格に設定したのです」

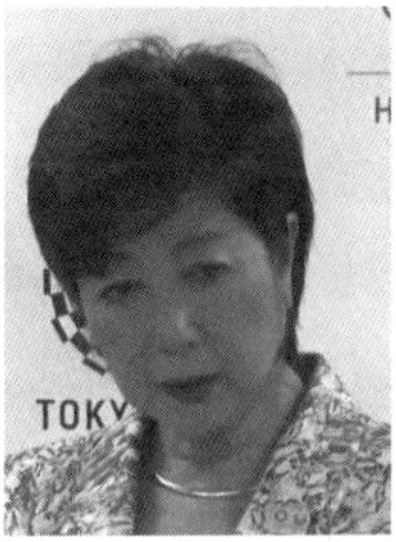

小池百合子都知事

まさに東京都の1人芝居である。

小池都知事は「1丁目1番地は情報公開」と公約して都知事に当選した。しかし、住民の地価調査報告書の情報開示請求に対して、肝心の知りたいデータは真っ黒だった。情報隠しは、歴代の都知事と何ら変わっていないのだ。

神宮外苑再開発利権での醜聞

まるで黒魔術の日本体育協会・新会館の不可解移転

2020年東京五輪に便乗した明治神宮外苑の再開発利権が目白押しだ。神宮外苑には現在建設中の新国立競技場をはじめ、いくつもの既設のスポーツ施設がある。東京都は「スポーツクラスター」と位置づけ、同外苑にスポーツ関連施設などを集積する方針だ。

東京都都議会への虚偽報告が問題になった日本体育協会（日体協）の本部がある岸記念体育会館（東京都渋谷区）の神宮外苑への移転建て替え問題もそうした再開発利権の一つだ。

都は2018年度予算で岸記念体育会館敷地の用地買収と移転補償として123億円もの予算を計上しているうえ、神宮外苑に日体協が移転するための新会館の予定地まで用意するなど、一団体の移転建て替えのために異例の支援を行っている。

この問題は、共産党都議会議員団が２０１８年３月12日に発表した「岸記念体育会館の移転をめぐる不可解な経過について」と題する声明、そして都議会での追及で明らかになったものだ。

それによると、日体協が東京都に岸記念体育会館の土地を買収してもらい、移転補償費を得るには、都が日体協の現在の敷地を新たに代々木公園として整備するという決定が必要だった。自発的に立ち退いても、都からは用地買収費、移転補償費が出ないからだ。

そもそも、岸記念体育会館の敷地は代々木公園本体とは道路で分断され、整備の優先性は考えづらい。都の公園整備計画でも、優先整備区域から一貫してはずれていた。ところが、２０１５年12月１日、都は岸記念体育会館の敷地部分を突如、代々木公園の優先整備区域に指定したのだ。

その理由付けは、国立代々木競技場で行われる東京五輪ハンドボール競技の運営用地が必要というもの。しかし、東京五輪立候補時のファイル（２０１３年１月）に記された運営上の施設や駐車台数などを示した「プラン」には、岸記念体育会館の部分はまったく含まれていなかったのだ。

共産党が都議会で「なぜ突然、移転することになったのか」との質問に対し、都側は「特定の用途ではないが、全体として不足している状況が発生している」「ずばり、これが理由なんだということはお話しがしにくい」とあいまいな説明に終始。最後は「なくても大会は可能」とまで発言する始末で、岸記念体育会館の敷地が五輪の運営用地として必要だというのは、後から考えた口実であることが分かってきたのだ。

おかしなことはそれだけではない。日体協が新会館を建てる神宮外苑の土地も、東京都が準備し、建物の高さ規制を緩和するなどの支援を行っていたのだ。

都は都立明治公園だった「こもれびテラス」を都市公園計画区域から外し（のちに公園廃止）、日体協の移転先を確保していたが、それだけでは新会館の敷地が不足するため、都は2015年6月、神宮外苑に土地を所有する民間マンション「外苑ハウス」、独立行政法人日本スポーツ振興センター（JSC）と、次のような旨の協定書を締結した。

〈都が都有地を第三者に譲渡する場合は、外苑ハウスとJSCは、第三者と連携・協力するものとする〉

その後、外苑ハウスは区画整理事業によって通路部分を都有地と交換。JSCは所有地の一部を日体協に貸し出すことを決めた。

こうして日体協は新会館のために、まとまった土地を神宮外苑に確保することができたというわけである。まるで黒魔術を使ったような不可解な移転の経緯をたどっているのだ。

再開発に大物政治家への忖度があった!!

東京都整備局の文書では〈当局は、歴代副知事の指導の下、JSC敷地、都営霞ヶ丘アパート敷地、外苑ハウス相互の敷地を整序することにより、岸記念体育会館が移転可能となる土地の確保に向けて、関係者と調整を重ねてきた〉と書いている。前述したように高さ制限は15メートルから80メートルに緩和され、高層ビルが建てられるようになったのである。

この不可解な移転問題を都議会で追及した白石たみお都議はこう解説する。

「共産党が都の情報開示で入手した文書から、２０１１年8～9月頃、都の都市整備局が『岸記念体育会館建て替え問題解決』のために、敷地を公園として整備し、日体協は神宮外苑へ移転する案を作っていたことが判明しました。日本体育協会に対しても、２０１２年4月に神宮外苑への移転を提案していました。水面下で早い段階から建て替え問題解決のための準備を進めていたのです。岸記念体育会館敷地の公園整備・神宮外苑都有地への移転は、東京五輪とは無関係で、日体協の新会館を建設するために、早い段階から水面下で検討されていたのです」

そして、この移転に関して都議会に虚偽答弁していたことまで明らかになったという。

「都は議会での質問に、公園整備、移転検討は２０１５年以降、すなわち岸記念体育会館敷地の五輪活用が検討され、同敷地が優先整備区域に指定された頃から始まったかのような答弁を繰り返してきました。ところが、３月１日の都議会本会議で、都は神宮外苑の都有地について〝日本体育協会に対して、岸記念体育会館の移転を検討することを１２年に提案した〟と、突然、従来の答弁内容を変更したのです」（白石都議）

都はどうして答弁を変更したのか。なぜ、虚偽答弁を繰り返してきたのか。共産党が入手した都の内部資料からは、ある大物政治家の影が浮かび上がってきた。

森喜朗元首相

「取扱注意」の印のある記録文書の実在

岸記念体育会館の不可解な移転の背景に浮かび上がってきた大物政治家とは、『東京オリンピック・パラリンピック競技大会組織委員会』会長の森喜朗元首相だ。２０１８年3月13日に開かれた東京都議会予算特別委員会で共産党の曽根はじめ都議が独自に入手した4つの文書を基に明らかにした。

まず、第1の文書は「取扱注意」の印が押してあるもので、タイトルは「神宮外苑の再整備について」。

２０１２年5月15日午後1時30分〜同45分、衆議院第二議員会館３０１号室においてかわされた、森元首相と東京都の佐藤広副知事（現・東京オリンピック・パラリンピック組織委員会常務理事兼副事務総長）、安井順一技監の記録文書だ。

ここで、佐藤副知事は「神宮外苑の再整備について、東京都として考えているイメージをご説明にあがった」と挨拶。五輪まで〈ＳＴＥＰ１〉と五輪後の〈ＳＴＥＰ２〉に分けて説明。やり取りは以下の通りだ。

【ＳＴＥＰ１】

安井　ラグビーW杯・オリンピック開催の前後二段階で全体を再整備、新競技の敷地、競技場周辺のバリアフリー化と都市計画公園の付け替えのために人工地盤を整備、サブトラックは競技場敷地の外、ＮＡＡＳＨ（現在の日本スポーツ振興センター＝ＪＳＣ）本部、日本青年館の移転先としてテニスコート（ＮＡＡＳＨ所有）を想定、スケジュール的に可能な範囲で駅からのアクセスを改善、再整備は二段階になるが、都市計画変更に必要な調整は同時にスタート等について説明。

森　（霞ヶ丘アパートの）住民の移転は大丈夫か？

佐藤　（住民が入居した経緯、店舗の存在等を説明し）近くにある都住に移転してもらえるために国策として計画を進めていくことが必要。

森　日本青年館は気持ちよく協力してくれている。ここに（ＮＡＡＳＨ所有のテニスコート）日体協も移転させるといい。どのくらいの規模が建つのか？

佐藤　隣接する明治公園も敷地に使い、（高さ等の）規制緩和が可能。

森　昨日、安藤（忠雄）さんと会った。国際コンペで世界に発信するのはいいけど、スケジュールが遅れるんじゃないの（と言っておいた）。彼を東京都に連れてきたのは石原（慎太郎）さんだ。石原さんが（スケジュールを遅らせないように）彼に言わなくちゃ。

五輪招致失敗でも再開発は進行する

【ＳＴＥＰ２】

安井　オリンピック終了後に第二段階の整備をスタート、第二球場跡地に恒久サブトラック、神宮球場とラグビー場の敷地の入れ替えの利点（明治神宮所有地の商業的な利用増進、両競技の中断を回避、ラグビー場の芝の養生）、青山通り沿道の民間再開発の動向、外苑前駅地下道の延長可能性等について説明。

森　佐藤さん、すばらしい案じゃないか。長生きしないと。サブトラックもここがいい。（神宮球場とラグビー場の入れ替えについて）ラグビー場の芝もその通りだし、新競技場とサブトラックに近いほうがいい。港区は喜ぶんじゃないかな。

佐藤　明治神宮の協力が必要。

森　相手が神様だから大変だな。（聖徳記念）絵画館はどうするの？

安井　銀杏並木からの眺めを含め絵画館周辺の景観は維持する。外苑前駅からのアクセスを改善するためにはＴＥＰＩＡ（先端技術館）の移転が必要。

佐藤　トレーニング・ジムがあるが（施設全体が）あまり使われていない様子。

森　あれは昔、日本最初のボウリング場だったんだよ。若い頃は我々もここで練習した。どういう経緯で経産省に渡ったか分からない。ＮＡＡＳＨは本部の一時移転先にＴＥＰＩＡを考えていた。ラグビー協会も時々使うけど、あの場所に要らないな。不吉なことを言うようで悪いけど、もしこっち（オリンピック招致）が×になったらどうする？

佐藤　神宮外苑全体の再整備は進める。

安井　都市計画変更の調整は全体の再整備を前提に進める。

森　すばらしいよ。あと15年は長生きしないとね。

　２０２０年の五輪開催地がＩＯＣ総会で東京に決定したのは２０１３年9月のことだ。その前から水面下で開催時と、その後の神宮外苑再整備計画を森元首相が関与し進めていたというのである。仮に招致に失敗しても再整備計画は推進すると当時の佐藤副知事らは約束し、森元首相は「すばらしいよ。あと15年は長生きしないとね」と大喜びしているのだ。

　その後、この場で約束した通り、神宮外苑の再整備は着々と進み、都営霞ヶ丘アパートは解体され、日本青年館とＪＳＣが入る高層ビルが建ち、その横では日本体育協会の新会館が建設されているのだ。

　話を曽根都議の質問に戻す。

　2番目の文書は、森元首相との面会前の２０１２年2月28日午後、先の安井技監が自民党都議団控室で萩生田（はぎうだ）光一（こういち）元代議士（当時落選中、現・自民党幹事長代行）と「霞ヶ丘競技場（国立競技場）の建替えについて」情報交換した記録メモだ。

萩生田光一

　ここで、萩生田氏は当時の石原都知事から五輪の件について「猪瀬（直樹副知事）と相談してくれ」と頼まれたこと、また森元首相から「競技場施設そのものは国。しかし、都が一生懸命汗かいてくれないと困る。君が文科省、ＮＡＡＳＨ、都を横断的に調整してくれ」と言われたことを紹介しているのだ。

まだ、五輪招致が決まっていないにもかかわらず、「(別図を広げながら)日建設計がこんな案を検討している。—略—」。これに対して安井技監は「承知しており、私の局が中心に副知事と相談しながら内々検討している。私も日建と会い、検討作業の方向を確認している」と答えると、萩生田氏も「日建もそう言っていた」と応じたのだ。

外苑整備が密室政治下に決定していた事実

前述した当時落選中だった萩生田光一元衆院議員と東京都の安井順一技監の面談記録では、萩生田元衆院議員が岸記念体育会館の移転問題に触れ、「日体協(日本体育協会)は岸記念体育会館の現地での建て替えは、財務省との関係で難しいので、霞ヶ丘に移ってNAASHと一緒のビルに入りたいと言っている」と発言していた。

安井技監は少し驚いた様子で「NAASHが誘っているのではなく、日体協が望んでいるのか」と問いただし、萩生田元衆院議員は「日体協が望んでいるようだ」と答えている。日体協の神宮外苑への移転は同協会の強い要望だったのである。

曽根はじめ都議が明らかにした第3の文書——。

森喜朗元首相との面会が実現する2012年5月15日の5日前の10日、佐藤広副知事、村山寛司副知事(現・東京信用保証協会理事長)、安井技監、都市整備局都市づくり政策部長、同再編利活用推進担当部長が出席して打ち合わせ会議（佐藤副知事の執務室）を開催した。ここでは「来週火曜日（15日）以降に、佐藤副知事が森元首相と会談する方向で調整する（安井技監が同行する）」と書かれてあり、実際、森元首相との面談は5月15日に行われた。

「7日のパレスホテル祝賀会で、技監と内田顧問（内田茂・元自民党都連幹事長で当時は落選中）が同席した際に、森元首相に紹介され、内田顧問から森元首相に対し、〝岸記念体育会館も国立競技場（神宮外苑地区）の建て替えに合わせて移転した方がいい〟と発言」とある。さらに「以前、佐藤副知事から内田顧問、森元首相に岸記念体育会館の移転の話をした経緯あり」とも記され、また「佐藤副知事と森元首相との会談後、早めに内田顧問及び髙島顧問（髙島直樹・自民党都議団で当時落選中）に会う方向で調整する」とある。

謎だらけの東京五輪の舞台裏を明かす

第4の文書は東京都が開示した文書で、2012年よりさらに1年前の11年8月19日、「岸記念体育会館に関する今後の検討」と題する記録だ。村山副知事の発言で「新会館は小さな規模では納得いかないはず。高層ビルを建てたいと思っている」となっているが、5文字の黒塗り部分がある。さらに、佐藤副知事の発言にも「いずれにせよ、●●●●●への報告結果や日体協の判断を聞かないことには始まらない」となっていた。

この5文字の黒塗り部分が、いずれも「森名誉会長」であることを明らかにした前述の曽根都議は「東京都の行政を進めるのに、元首相の森氏への報告結果を聞かないと始まらないとはどういうことか」と追及した。

これに対して、東京都は森元首相からの相談、働きかけ、接触について「記録は見当たらない」と答弁したが、共産党が入手した文書と同じものが、3月16日の夜中に突然開示されたのだ。「記録がない」という答弁もウソだった。都政もまた森友・加計学園問題と同様、隠ぺい体質なのだ。

実は、共産党が移転問題について日体協に聞き取り調査をした際、日体協から贈呈された『日本体育協会・日本オリンピック委員会100年史』（2012年3月31日発行）に、元日体協会長でもある森氏について「首相経験者として実行力を発揮」と題してこう称賛する言葉がちりばめられている。

〈会館建て替えの道筋を切り開いた功労者だ。建て替えについて政治力を発揮。会館の土地が代々木公園の公園指定となっていることで、ビルの高さ制限が設けられるなど、複雑な問題が山積している中で、東京都をはじめ、文部科学省など関係機関と話し合いを行い理解を求めるなど、高いハードルを越えるための調整を自ら推進した〉

岸記念体育会館の移転は、それこそ森元首相の政治的介入があってこそ実現できたことを日体協自らが吐露しているのだ。1964年の東京五輪に続き、今回も立ち退かされた都営霞ヶ丘アパートの住民など眼中にない行政の私物化である。

神宮外苑再開発利権はこれだけではない。

建設中の新国立競技場北側のJR中央線沿いにある旧神宮プール跡地4330平方メートルで、宗教法人明治神宮と三井不動産によるホテル建設が進行中だ。高さ50メートル、地上13階建ての「神宮外苑ホテル」で、2019年夏竣工予定だ。

「これまた、オリンピックに便乗した高さ制限、容積率の緩和が伴う開発利権ですよ。国立競技場の建て替えがなかったら、できなかったことです」と語るのは在京の建築業界関係者。同関係者はこうも言う。

「神宮外苑は風致地区として緑が多い。新国立競技場建設をこれ幸いとばかりに、利権屋が次々、開発計画を明治神宮に持ち込み、それこそ神宮の森ならぬ〝利権の森〟になっているのが実情です。もともと、平田神道6代で不動産コンサルタントのM氏（故人）と森元首相が早稲田大学雄弁会出身の友人で、これに明治神宮の宮司が加わった3人に、大手広告代理店があれこれ知恵を出して、神宮外苑の開発計画を練っていました。新国立競技場なんて、その口実なんですよ。ザハ・ハディッド氏のヒールアーチは、無理なデザインということで潰されましたが、屋根がなくなっただけで、内容はまったく変わっていません。サブトラックもないし、東京五輪が終わったら〝サッカー場になる〟ともっぱらですよ」

会計検査院が2018年10月4日発表したところによると、五輪への国の支出はすでに8000億円を超え、最終的には3兆円にまで増える見通しとなった。

1年後に迫った東京五輪の闇は、まだまだ深そうだ。

豊洲新市場10・11開場で覆われた黒い霧

何ら担保されていない土壌汚染対策の「安全・安心」

東京都築地市場(中央区)の豊洲新市場(江東区)への移転問題で2018年7月31日、小池百合子都知事は「安全・安心な市場として開場する条件が整った」と宣言し、10月11日に開場するため8月1日午前、農林水産省に認可申請した。

小池都知事の「安全宣言」は、豊洲新市場の土壌汚染対策を提言してきた専門家会議が7月30日、都の追加対策で「安全性が確保された」と追認したのを受けてのもの。本当に「安全・安心」なのか。

豊洲新市場は元東京ガス工場跡地で日本最大の重金属汚染地帯だった。築地市場の仲卸業者らと共に移転問題に取り組んできた一級建築士の水谷和子氏は今回の「安全宣言」について、まずこう指摘する。

「都の土壌汚染対策は明らかに失敗です。高濃度の汚染土が残っている限り、汚染水はなくなりません」

事実、先の専門家会議で公表された地下水調査でも、環境基準の最高１７０倍のベンゼンや猛毒のシアンが検出されるなど、高濃度の土壌汚染が残ったままだ。

水谷氏は「追加対策も効果はありません。例えば、地下水管理システムは子ども騙しもいいところです」と、その実態について解説する。

「日常管理水面を平均海水面（以下、ＡＰ）＋１・８メートルとしていますが、直前の7月19日の測定結果で、基準を達成したのは33ヵ所中13ヵ所で、39％にすぎず4割を切っています。逆に2メートルを超えたのは12ヵ所、最高値２・６５メートルでした。しかも、計測前の12日間は雨量がほぼゼロ。ですから、現時点を切り取った地下水位の判定には意味がありません。ホント、子ども騙しですよ。

雨の多い時期は、地下水位は１・５メートル上昇します。そうすると、降雨量の多い時期の地下水位は、ＡＰ＋３・５メートルから4メートルに達します。２０１６年、ポンプの目詰まりで排水量が目標数値の1割程度まで落ちました。同じことが起きれば、さらに地下水位は上昇することになります。ＡＰ＋１・８メートルで管理できないとなると、〝液状化〟判定になり、これもまた不安材料になっています。

ベンゼンは、９回目の地下水モニタリングで基準の79倍だったのが、１年半で１７０倍と2倍強に汚染濃度が高くなっています。都民に約束した〝無害化〟とは程遠いものです。汚染源の取り残しは、土も地下水も地下空気も汚染し続け、気圧が低いと汚染ガスが噴き出します。地下水位の上昇で盛土の再汚染も懸念されています」

実はこの間、豊洲の汚染水の流出が原因ではないかと疑われる事態が起きていたのだ。それは4月1日全面開園した『豊洲ぐるり公園』のこと。江東区の山﨑孝明区長が4月17日に開かれた定例記者会見でこんな〝爆弾発言〟をしている。

「豊洲ぐるり公園」など土壌汚染に関わる情報隠し

「(豊洲ぐるり公園は) 本来であれば（２０１６年）11月に開場を予定していた豊洲市場と一緒にオープンする予定でしたが、市場に接した部分が土壌汚染の心配があるということで閉鎖されてしまい、一部しか開園できませんでした。１７年の7月7日から一部開園し、今日まで来ました。あれだけの素晴らしい海辺の公園が、区民に供用されないのはもったいないということで、都といろいろ折衝してきました」

同会見での山﨑区長の発言のうち「市場に接した部分が土壌汚染の心配があるということで閉鎖されてしまい、一部しか開園できなかった」の部分は、江東区提供の動画、会見テキストからカットされて伝えられているのだ。

誰に忖度(そんたく)したのか。区民、都民からすれば、豊洲市場の土壌汚染に関わる情報隠しと見られても仕方がないことが起こっていたのだ。

そして、新たに豊洲市場の杭打ち偽装疑惑が発覚した。『週刊現代』（２０１８年9月1日号）が施工業者の告発を受けてスクープ記事として掲載したのだ。

同記事によると、豊洲市場の駐車場棟の建設基礎工事で合計１１４本の杭を打ち込んだが、そのうち48本が本来48メートル建築物の高さを決めるための基準点（ＧＬ＝グランドライン）とズレ、地中に39メートル打ち込んだと思っていた杭が50センチも高止まりしたのだ。本来ならやり直さなければならないのに、その高止まり部分50センチをカットし、工事を終えたという。

問題になるのは、打ち込みの深さが50センチも足りなかったことで、支持層に到達していない杭が残っている可能性があることだ。駐車場は９００台規模のもので、荷重がかかれば最悪、倒壊する恐れもある。

この『週刊現代』の記事について、東京都の新市場整備部に質問したところ、担当者からこんな答えが返ってきた。

「内部告発とかいうものではありません。元請けの施工業者から、基準点からズレたところに杭打ちをしたこと、（高止まり部分の）杭を50センチカットしたことなど、報告を受けています。打ち込んだ39メートルの杭が50センチ短い38・5メートルの杭になっても、すべてが支持層に達していることも確認しています。工事の軽微な変更届を出してもらい、２０１６年12月に建築確認完了検査済証が出ています」

先の水谷氏は、こう疑問を投げかける。

「杭を打った場所は、段丘状の崖のようなところ。そんなところで、一律38・5メートルで支持層に達したとは考えにくい。工事記録、地質調査のデータが開示されなければ、支持層に到達したかどうか分からない」

地下遮水壁のカットが明るみに出たこともある。何が出てきてもおかしくないのが、豊洲新市場だ。

都とゼネコンが癒着してのお手盛り汚染対策

「豊洲土壌汚染対策　工事受注業者は既に決定！」

2011年7月31日、1通の告発状が共産党東京都議団に届いた。6街区は清水建設JV、5街区は鹿島建設JV、7街区は大成建設JVが落札する——という談合内容だった。

豊洲新市場の土壌汚染対策工事の入札が行われたのは、それから1ヵ月後の8月29日。結果は告発状通りだった。

仮設の土壌汚染処理プラントを造る6街区（水産仲卸売場棟）は清水建設など10社JVが33億円、5街区（青果棟）は鹿島など6社JVが119億円、7街区（水産卸売場棟）は大成建設など5社JVが89億円で落札した。落札率（予定価格に対する落札の比率）が97・0％と最高だった清水建設の６街区は無競争入札だった。

談合情報は直前の８月25日、東京都にも寄せられていたが、入札を強行。同年12月の都議会で共産党議員が談合疑惑を追及し徹底調査を求めたが、都側は「調査は改めて実施する考えはない」と拒否した。

新市場の管理棟、売場棟３棟の計４施設の工事入札が２０１３年11月に行われた時のことだ。１回目の入札で管理棟は中小ゼネコンＪＶが落札したが、売場棟３棟は応札者がなく入札不調となった。大手ゼネコンがそろって辞退するという異常な事態が起きたのだ。

『徹底追及　築地市場の豊洲移転』（赤旗編集局著、新日本出版社刊）によると、入札不調に関する東京都のヒアリングでゼネコン側は「採算が取れない」「工期がきつい」として、予定価格の上乗せを要望。都はこの要望を受け入れ、２０１３年12月の再入札公告で３棟の予定価格を計６２８億円から１０３５億円へと４０７億円も増やし、１４年２月、３つのＪＶが計１０３４億４００万円で落札した。平均落札率は99・８７％とこれまた異常な高率だった。

土壌汚染対策工事を受注した大手ゼネコンが、同じ区画の施設建設工事をそろって落札したことで、談合疑惑はいっそう深まった。談合疑惑が濃厚になるに比例して膨らむ豊洲移転工事費。一体、どれだけ掛かったのか。

都新市場整備部によると、２０１６年度末現在で、土場汚染対策費８５９億円、施設建設費２５７４億円、用地取得費１８５９億円、その他関連工事費３９９億円の計５６９１億円になる。

これに土壌汚染追加対策工事費38億円、さらに新市場整備費を調達するために発行した企業債の利息返済額を加えると6000億円をはるかに超える。

土壌汚染対策費は当初試算（2011年2月）586億円から1・5倍（追加対策費含む）、施設建設費も990億円から2・6倍に高騰。こうして豊洲新市場整備費は当初試算の3926億円から5729億円（追加対策費を含む）と約1・5倍にまで膨らんだ。これだけの税金を投入してもなお、汚染源は残ったままで汚染水は流出し続けているのだ。

「築地は守る、豊洲は生かす」は築地改修案にぎり潰しの結果

小池百合子都知事就任後の2016年8月に設置された〝土壌汚染問題や施設の構造と安全性、新市場の事業継続性などを検証〟する『市場問題プロジェクトチーム』（略称・豊洲PT、座長・小島敏郎青山学院大学教授）。その会合で、現在の築地市場の維持管理費が1日当たり430万円であるのに対して、豊洲新市場は2100万円と約5倍に跳ね上がるなど、開場すれば年間98億円の赤字が生じることが明らかになった。

2017年4月の豊洲PT会合では、初めて豊洲移転ではなく築地改修案が提示された。それによると、豊洲新市場の場合、60年間で累積赤字は1兆1420億円に達し、開場20年を経たずして資金ショートを引き起こすことを予測。破たん回避のためには、使用料の値上げ、11ある他の市場の売却、税金の投入しかないというのだ。

これに対して築地改修案は、期間7年、整備費734億円、ローリング方式で営業しながら改修できるとしている。市場会計への影響として、すでに支出している豊洲新市場費用6000億円は同市場の売却益4300億円を充当。当面10億〜20億円の赤字にとどまり持続可能としている。

しかし、この築地改修案は〝にぎり〟潰された。2017年6月20日、小池都知事は緊急記者会見を開き「築地は守る、豊洲は生かす」と、18年5月の連休明けにも豊洲に移転することを表明したのだ。

築地は5年後を目処(めど)に市場機能を残した「食のテーマパーク」とする再開発構想を明らかにしたが、具体像はまったく見えず。解体した築地市場の跡地は、当面2020年の東京五輪の輸送拠点にすることがはっきりしているだけだ。

「五輪後、跡地はタワーマンションなど再開発地になると見られています。小池都知事には〝裏切られた〟と批判する業者が多い」（築地市場関係者）

事実、2018年6月、移転に反対する仲卸業者による『築地市場営業権組合』が新たに結成された。14人でスタートしたが、約150人まで増え、これからも加入者は増えるという。

同営業権組合と『築地女将さん会』は、小池都知事が農水省に豊洲市場の開場認可申請を出した8月1日午後、同省の卸売市場室長に会い、「移転の認可申請を受理しないよう求める要請書」を提出した。しかし、同省は9月10日に正式認可し、豊洲市場は予定通り10月11日にオープンした。

そして、２０１９年1月23日、小池知事は「築地まちづくり方針」を示し、これまでの公約をくつがえし、築地市場跡地23ヘクタールを国際会議場などＭＩＣＥ（マイス）機能を中核とする開発計画を発表した。都は別にカジノ調査も行っていることから、都民から「築地跡地にカジノもありうる」と警戒する声があがっている。

"石原都政"下の豊洲移転問題そもそもの始まり

「都の重要課題である豊洲市場移転問題について、最高責任者として交渉の状況や結果についての報告を受け、適時適切に判断を下すべき立場にあった、石原元知事の責任は重いものであると考える」

２０１７年6月2日、東京都議会の「豊洲市場移転問題に関する調査特別委員会」（百条委員会）がまとめ、その後、同月7日の都議会本会議で議決された「調査報告書」は、石原慎太郎元都知事の責任を明確にした。

同調査報告書によると、百条委員会は２０１７年2月22日の第1回以降、6月2日の調査報告書取りまとめまで15回にわたり審議。この間、石原元都知事、浜渦武生元副知事、上原英治（ひではる）東京ガス元社長など24人の証人に対して計23時間にも及ぶ尋問を行った。東京都と東京ガスに４２５件の記録を請求、段ボール１７４個分を精査したという。

石原元都知事が２０１６年10月14日付で提出した小池百合子都知事の質問に対する回答書では、

「豊洲の中の東京ガスの敷地であるとまで聞いておりません」「したがってご質問のような話（汚染問題）は聞いておりません」、また「豊洲という土地への移転は既定の路線のような話」と自身への責任を否定した。

高濃度汚染地域を買収したため、土壌汚染対策費が858億円にもなった瑕疵（かし）担保責任の放棄については、「ずいぶん高い買い物をしたと思いますが、何故そうなったかは私に判断を求められることがなかった」。さらに、汚染対策費の東京ガスの負担が78億円だったことも「いま思えばアンフェアだと思いますが、私の判断を求められることがありませんでしたから、全く分かりません」とほぼゼロ回答に終始した。

しかし、この回答が百条委員会で虚偽であることが判明した。石原氏が都知事に就任したのは、1999年4月。都知事ブリーフィング記録によると、同年8月13日、市場問題の報告を受けた際、「ローリング（築地再整備）なんかやってられない。移転しかない」と発言し、「築地を視察する」とも述べていたのだ。

石原慎太郎元都知事

驚いたことに、福永正通副知事が都を代表して正式訪問する前に、石原都知事が上原英治東京ガス社長と面会。その際、上原社長から移転について「正式に聞いてない」と言われたことから、大矢實中央卸売市場長に東京ガスへ行くよう指示していたことも記録で分かった。

石原氏が豊洲移転を主導し、決裁したことは「私が平成11年6月に赴任した時点では、現地（築地）再整備という方針で基本的に決まっていた。青島都知事時代に豊洲移転を決めた、既定路線であったというのは違うと思う」「（豊洲の中の東京ガス跡地であるとまで聞いていなかったとの石原氏の小池都知事への回答について）信じられませんね」と述べた大矢元市場長の証言でも裏付けられた。

さらに、1999年11月17日付の「豊洲地区の土壌汚染について」という表題で都知事に説明した資料があった。土壌汚染対策費のうち、東京ガスの負担がわずか78億円だったことについても、2011年3月22日付の石原氏への報告記録があった。このことは、岡田至元市場長の証言でも確認された。

「百条委員会での偽証」告発は不起訴に

東京都と東京ガスは、築地市場の豊洲移転に関して「覚書」（2001年2月21日付）、「基本合意」（同年7月6日付）を交わしたことはこれまで明らかになっているが、百条委員会で東京ガスへの優遇策を秘密裏に約束した文書である「確認」及び「確認書」の存在も明らかになった。「基本合意」と一体のものである「確認書」（2001年7月18日付）は護岸整備費負担を求めないなど東京ガスに総額480億円の負担軽減を約束するとともに、不十分な土壌処理計画を認め、完了確認後、土地を譲渡すると明記されていた。

東京都と東京ガスの協議記録によると、東京ガスはこの秘密の「確認書」を持ち出して、土地売買について、「今の処理計画が不満なら白紙に戻す」と発言。防潮堤護岸の負担問題についても、浜渦氏は百条委員会での「移転の交換条件のようなものか」との質問に、「おっしゃる通りです」と証言、「確認書」は交渉に重大な影を落とし続けた。

その「確認書」と一体の「基本合意」の都側の署名者は当時副知事だった浜渦氏である。東京ガスとの交渉を水面下で主導したのは同氏だった。ところが、同氏は百条委員会で、「基本合意」以降は豊洲移転交渉から離れ、一切の相談も報告もなく、「確認書」も知らないと陳述した。しかし、浜渦氏の陳述は偽証であることが同委員会に提出された記録から判明した。

例えば、２００３年5月22日、浜渦氏宛に3局の部長連名で東京ガスとの交渉に臨む対応方針について判断を仰ぐ文書があった。その浜渦氏と元政策報道室理事の赤星経昭氏の2人は、同委員会で偽証をしたとして都議会が東京地検に告発したが、２０１８年3月不起訴処分となった。

疑惑の豊洲市場移転は、世論に押されて百条委員会設置、元副知事らへの告発まで進み、都政の「闇」の一部が明らかになった。全容解明が求められているが、小池都知事は、この疑惑に蓋をしたまま10月11日の開場へ突き進んだ。

5月30日の衆院農林水産委員会で立憲民主党の川内博史議員が「豊洲市場は現在も土壌汚染対策法上の区域指定を受けている」と農水省に釘を刺しているが、同省は9月11日に正式認可。黒い霧に覆われた豊洲新市場で問題が噴出すれば、小池都知事ともども責任が問われることは必至だ。

水産「取扱量」激減の豊洲市場開場2ヵ月

トラブル続発の「豊洲市場の今」

事故現場は血の海だった――。10月11日にオープンしてから1ヵ月後の11月15日、豊洲市場（東京都江東区）でターレの荷台に乗っていた70代の女性が転落して頭部を強打し、病院に緊急搬送された。

目撃者によると、事故現場には大きな血だまりができており、相当な大けが（12月上旬に死亡）だったことは容易に想像できたという。市場関係者は悲惨な事故を振り返り、こう語気を強める。

「豊洲は平らな築地市場と違ってヘアピンカーブが多く、開場前から〝危険〟と言われていた。都は〝ターレに人を乗せるのは禁止だった。違反した運転手が悪い〟としています。しかしオープン前、メディアに公開した習熟訓練では、都の役人の見ている前でターレに人を乗せていました。事故に遭った人は、水産棟から青果棟に行く途中だったと思います。その間の距離は500

メートルもあるんですよ。歩いて買い出しに行くと時間がかかりすぎ、商売に支障が出る。隣接して歩いてすぐの所に青果市場があった築地市場とは、比較にならない不便さです。事故の原因は現場を知らない、市場関係者の意見も聞かずに豊洲市場を造った東京都の責任ですよ」

オープンしてからおよそ2ヵ月が経過した11月下旬、筆者は豊洲市場を訪れた。

地下鉄の駅を上がってすぐ、それも平らな築地市場とは違い、豊洲市場はゆりかもめ新橋駅から約30分と実に遠い。しかも、降りてから陸橋で見渡せば、ちょっとしたビル群が建ち並び、どこに何があるのやらさっぱり分からない。

最初、目的地とは別のビルの中に入った。間違いに気づき、慌てて携帯電話をかけて面会予定の人物に居場所を教えてもらった。どこに何があるかすぐに分かった築地市場と違い、豊洲市場はビルごとに分断された上、閉鎖棟になっている。一般人は出入り禁止だ。筆者が痛感したのは「オープンではないな。自由がない」だった。

小池百合子都知事は「築地は守る、豊洲は生かす」と宣言し都民の人気をさらったが、その実、まったくのデタラメだった。オープン以来、次々とトラブルが発生しているのだ。

まず、開場当日は大渋滞を起こした。ターレからも出火し、いきなりボヤ騒ぎ。1ヵ月で腐敗臭が漂い、床は穴ぼこだらけ。さらに黒い粉塵と続き、都の検査で新たに地下水から最高で環境基準の１４０倍の発がん性物質ベンゼンを検出した。

揚げ句、小池都知事は2業者と豊洲で働く労働者の組合・東京中央市場労働組合（東中労）に対する1ヵ月間の営業停止と組合事務所約2週間の使用禁止処分という前代未聞の暴挙に出た。

筆者は、組合事務所使用禁止15日間の処分を受けた東中労の中澤誠委員長に「豊洲市場の今」を聞いた。

根本問題に浮上した台風時以下となっている取扱量

――業者と組合に対する処分についてどう思うか。

中澤委員長　小池知事の本領発揮ですね。営業停止なんて乱暴すぎます。もともと、我々が見つけ、小池知事に教えた「盛土」問題を逆手にとって、人気取りのため完全に政治利用しましたね。我々に対する処分も見せしめ以外の何ものでもありません。〝使用資格が消滅したから処分した〟と言っていますが、使用資格なんてまったく関係ありません。原因は、東京都が「東京ガス操業由来の汚染物質はすべて除去」「地下水位をAP（東京湾の海抜水面）＋1・8メートルで管理」「2メートル＋2・5メートルの盛土」の3つの約束をしたのに、それらをすべて反故にしていることにあります。都議会でも「無害化された安全な状態で開場を可能にすること」と決議されています。

――仲卸業者によると、狭くて動きにくいとか、売り上げが減っている、あるいは銀座の寿司屋さんは遠くなってネタを運ぶタクシー代がかさむ、トラック運転手は使い勝手の悪さ等々……怒りの声があがっていると聞いています。腐敗臭や穴ぼこ、それに黒い粉塵など問題続出ですが。

中澤委員長　使い勝手の悪さは開場前からさんざん指摘されてきたことで、やっぱりでした。開場前に「衛生上、ターレは外に出てはいけない」とかルールを決めてましたが、渋滞は起こるわ、物流が滞るわ、弊害ばかり起きた。いまはそれをドンドン変えています。都の衛生計画なんてとっくに破たんしていますよ。いまは泥のついたターレが外の道路に出て荷を運んでますから。だいたい、床がヒビ割れるなんて土台そのものがダメなんです。現場のことを知らず、机上だけで作った建物なんです。

――6000億円投じた上に、維持費などに毎年100億円を超す赤字が出るということですが。

中澤委員長　いま、一番不安なことは市場の維持管理費の問題です。3年後には使用料が値上げされることが決まっているんですが、実は入荷がドンドン減っているんです。都の2005年の実施設計のまとめでは、豊洲市場1日の水産物の取扱量は2300トンだったんです。築地市場は長いこと1日2000トンと言われてきた。しかし、7年前の3・11（東日本大震災）の時からぐんと減って1600トンになり、2018年は取扱量が1300トンまで落ちました。1000トンを割り込むことは台風の時ぐらいしかありませんでしたが、いまはその1000トンすら割り込んでますね。当初計画の半分以下ですよ。だから、市場関係者はみんな〝豊洲からお客さんが逃げてんのか〞と思っています。いまもって、そんなところで商売しなくちゃいけない状況でやっているということ。安全面でも明らかに問題がある。そんな場所で商売させられているのです。

第6章

談合・IR・カジノ・万博の闇

リニア中央新幹線「談合事件」舞台裏

東京地検特捜部 〝アメとムチ〟対応に揺れるゼネコン4社

公的予算3兆円を投入する総額9兆円の国家プロジェクト『リニア中央新幹線』(施主・JR東海、以下、リニア)の工事をめぐり、東京地検特捜部がスーパーゼネコンの大成建設、清水建設、鹿島建設、大林組の4社を談合の疑いで強制捜査したのは2017年12月。うち、大林組と清水建設の元副社長や元専務ら3人は談合を認め捜査に協力したことから、不起訴処分となった。

その一方で2018年3月、談合を否認した大成建設の大川孝・元常務執行役員と鹿島の大沢一郎・リニア担当部長の2人は同容疑で逮捕・起訴された。まるで6月から導入された「司法取引」を先取りしたかのような〝アメとムチ〟の対応だ。

「今も2人は容疑を否認し、大成も鹿島も〝最高裁まで争う〟として東京地検との対決姿勢を露わにしている。そのため起訴から7ヵ月近く経っても保釈が認められず、勾留されたまま。公判が開かれる見通しもたっていない異例の事態になっています」(社会部記者)

法人として独占禁止法違反の罪に問われた大林組と清水建設は、独禁法の課徴金減免制度で公正取引委員会に談合を自主申告。8月24日に開かれた清水建設に対する論告求刑公判で検察側は、罰金2億円を求刑した。

弁護側は「大林組と大成建設、鹿島の3社の担当者が『3社会合』などと称して連絡を取り合っていた。〝こちらに入らないか〟と誘われ、断れなかった。当初から談合は主導していない」などと情状酌量を求めた。

また、大林組の論告求刑公判は9月13日に行われ、検察側は清水建設と同じく罰金2億円を求刑。そして2018年10月22日、東京地裁は独占禁止法違反で法人としての大林組に罰金2億円、清水建設に同1億8000万円の判決を言い渡した。

今回の談合事件について、関西の元業務屋（談合屋）の1人は「素人の仕事や」と切り捨て、背景をこう解説する。

「リニアは、公金も投入する国家的プロジェクト。業界では早くから談合が噂になっており、東京地検特捜部としては事件にしなければ無用の長物と世間から非難される。それで捕まえた。リニアは70％がトンネルの超難工事だ。スーパーゼネコン4社、それも大成しかできない案件だった。それで今回は大成が設計と見積もりをやった。施主であるJR東海が大成に教えを請うてやっている工事や。大成にすれば、仕事はうちが取るというのは当たり前。なぜならトンネルを掘る世界一のシールドを持っているのは大成だからや。しかし、逮捕された大成の幹部らは、談合に関しては全くのど素人。飲み会で友達感覚で情報を交換、調整表も作成し残していた。ワシらが現役の頃は、紙は一切残さない。すべて頭の中に叩き込んでいたもんや」

大成建設と鹿島が否認していることについては、

「彼らには談合という認識がないから否認しているんだと思う。一方で清水と大林はすぐに認めた。まあ、2億円の課徴金ぐらいだったらしゃあない、というわけや。本当の談合のプロからすれば子どもや。業界筋の話では、逮捕された幹部は、取り調べに過去の営業利益を持ち出して比較し、リニアで無茶な利益を上げていないと主張しているそうや。そんで〝特捜部はどうしょうもない〟お手上げ状態やそうや」(同)

談合認識のない大成建設主導の「3社会合」

検察側冒頭陳述によると、リニア工事のうち起訴案件になった品川駅と名古屋駅新設工事についての受注経緯はこうだ。

JR東海は2008年暮れから、同社の子会社に設計、積算、工期計算などを行う調査設計業務を委託。同子会社は、当初は両駅とも大成建設に再委託。その後、品川駅については09年以降、大林組に委託した。さらに、JR東海は08年頃から、トンネル研究会と称する非公式の会合を開催し、同会合に大成建設と鹿島を参加させ、リニアの経路候補としていた南アルプストンネルに関する工事計画の検討を行っていた。

JR東海が「競争の公平性確保とコストダウン」のため、ゼネコン各社に技術的検討を依頼することを原則禁止にしたのは2014年以降である。つまり、摘発する数年前までJR東海はゼネコンにそれこそ丸投げしていたのだ。

検察側冒頭陳述によると、JR東海側の方針を熟知していた大成建設の大川元常務は、2011年11月頃、鹿島の大沢リニア担当部長と知り合い、面談を重ね、リニア工事の区割りや4社の受注意欲について情報交換した。13年頃までには、ターミナル駅である品川・名古屋駅新設工事について大林組、清水建設にも話を持ちかけ、受注調整を行うことを話し合ったという。

先の清水建設の弁護側が情状酌量を求めた際、「誘われた」と名前を明かした「3社会合」とは、2014年3月頃、大成の大川元常務がかねてから親しい関係にあった大学同期で大林組のリニア担当専務や土木部長に持ちかけたことが発端だ。これに鹿島の大沢リニア担当部長が加わり、同年4月下旬頃から、都内の飲食店で月1回の会合を開くようになった。3社で受注調整の話し合いをしていたところから「3社会合」と呼ばれていたのである。

リニアは東京―大阪間を時速500キロで走り、2027年に名古屋、2045年に大阪までの全線開業を目指す。完成すれば、東京―名古屋間40分、東京―大阪間を67分で結ぶ。しかし、南アルプスをトンネルで貫通することから、山体崩壊など大規模な自然・環境破壊が懸念され、各地で反対運動が起きている。

南アルプストンネル静岡工区は、大井川の大量の減水が予測されることから、静岡県の川勝平太知事が着工に同意しておらず、唯一未着工となっている。

リニアと同構図の「東京外環道」ゼネコン4社

凍結されていた1966年都市計画を解除

リニア中央新幹線と並ぶもう一つの国家的プロジェクトである『東京外かく環状道路』（外環道）の中央ジャンクション地中拡幅工事（東京都三鷹市周辺）入札が1年以上もストップする異常事態になっている。

発端は2017年3月、国から工事発注を委託された高速道路会社『NEXCO中日本』などに寄せられた談合情報だった。

内容は「大手ゼネコン4社が落札することで決まっている」というもの。同社は入札を中止し、同年5月8日に契約手続きを延期、9月1日には「談合疑惑情報の提供を踏まえ、競争参加者に対する事情聴取などの調査を行った結果、談合等の不正行為の疑義を払拭できず、契約の公正性を確保できない恐れが生じたことから、契約手続きを取り止める」と発表したのだ。

２０１８年7月末に至っても「現在も契約を取り止め中です」（ＮＥＸＣＯ中日本広報担当）という。この4社とは、リニア中央新幹線の談合事件で東京地検特捜部に摘発された大成建設、鹿島建設、大林組、清水建設だ。

外環道は、都心から約15キロ圏域を環状に連絡する延長約85キロメートル道路。このうち関越道（東京都練馬区）から東名高速道（東京都世田谷区）までの約16キロメートルは53年前の１９６６年に都市計画で決定されたものだが、１９７０年代以降、住民の反対で凍結されていた。

しかし、石原慎太郎氏が都知事に就任して以降の２００７年4月、東京五輪招致をテコ入れに一気に計画を進めようとした。実に41年ぶり。しかも、当初の地上高架方式から、地下40メートルに直径16メートルのトンネル２本を造る方式に変更され動き出したのだ。

２００７年12月、石原都知事は当時の福田康夫首相と会談し、かねてから国が求めていた都市と地方の自治体の税収格差を是正するため、東京都の法人事業税３０００億円を国に委譲し、地方に再配分することを了承した。

その代償として、東京都が要求する外環道など3環状道路、羽田空港の沖合展開、五輪招致への協力などを国が約束したことで、凍結が解除された。

そして２０１２年9月に着工、総工費は約１兆６０００億円の巨大プロジェクトだが、少子高齢化で人口減が確実な折、１メートルの建設費になんと1億円もかかる究極の無駄遣い道路として話題になったこともある。

無理が通れば道理が引っ込み、心配される地下水脈の汚染

談合疑惑が明るみに出て入札の見通しが立たないのは、本線のトンネルと現在の中央道を地下で接続させるジャンクションの地中拡幅工事が、世界最大級の難工事といわれていることも挙げられる。

問題になった工事は4件で、国の委託を受けたNEXCO中日本とNEXCO東日本の両者が発注。「1社1件しか受注できない仕組みで、スーパーゼネコンがそれぞれ幹事社となる4つの共同企業体（JV）が受注を分け合う」という談合情報にもとづいて、2017年3月の衆院決算行政監視委員会で野党議員が「受注方式が不可解だ」と国土交通省に調査を要求していた。先に発注された本線工事でも国会で談合疑惑が取り沙汰されていた。

立ち退き対象世帯は3000世帯。農地が多いところでは90％を超える土地買収が進んでいる一方、青梅街道インターチェンジ部分は、町内会を上げて反対しているので買収率は14％にしか満たない。「2020年の東京五輪開催までには開通させる」と意気込んでいたにもかかわらず、到底無理というのが実態だ。そこに談合疑惑が持ち上がり工事がストップしているのだから、五輪までの目標はさらに遠ざかっている。

外環道の建設を巡っては2017年12月、住民13人が「住宅の真下にトンネルはいらない」と

して、国や都に対し事業認可の無効確認を求める行政訴訟を起こし、東京地裁で裁判が行われている。住民側が主張しているのは、住民の断りもなく無補償でトンネルを掘る「大深度地下法」の違憲性・危険性・不当性だ。巨大トンネルを掘ることで、地盤沈下の恐れや豊富な地下水脈が絶たれるなど環境にも影響する危険性を訴えている。

原告の１人である古川英夫さんは「５歳から杉並に住んで70年。子どもの頃は井の頭公園でトンボ獲りをし、冬になると、善福寺池に積もった雪の上でスキーをした」と述懐するが、外環道建設で自宅の半分が切り取られるため、立ち退きを強いられることとなる。

古川さんが談合疑惑の地中拡幅工事について、こう解説する。

「高速道路と高速道路を地下で合流させる地中拡幅工事は難工事です。必ず水漏れがあるので、出水止めの特別な工事が必要になるのです。それで本工事に着工する前、１社２億円、計12社のゼネコンに24億円出してテストさせたんですが、その結果がどうだったのか明らかにしていないのです。市民には隠したまま、入札しようとして談合がバレたというわけです。地中拡幅工事は、外環道の３つのジャンクションなど、〝上り・下り〟それぞれ長さ４００メートル、計８ヵ所で行われますが、ものすごいカネ喰い工事なのです。東名ジャンクションの地中拡幅部の工事費だけで、当初より４９０億円も増額されました」

外環道の計画路線上には、井の頭公園池、善福寺池、三宝寺池、八の釜と多くの湧水が存在する。地下水を飲料水として使っている沿線都市は三鷹市60％、武蔵野市70％、調布市60％と多い。

深度40メートルに巨大なトンネルを通せば、地下水の流れはズタズタになり、汚濁、汚染、枯渇が心配されている。

無理が通れば道理が引っ込むとは、まさに外環道のことを言うのだろう。

東京五輪で復活したゾンビ・道路整備計画

戦後復興プランを「特定整備路線」で今に

小池百合子都知事が都民を裏切ったのは、築地市場の豊洲への移転だけではない。都市計画道路「特定整備路線」もその一つだ。

特定整備路線とは、大地震が起きたときに火災が広がることを防ぐため、都内の木造住宅密集地域にある住宅を取り壊し、跡地に防災・延焼遮断帯として造られる広い道路のことで、『木密地域不燃化10年プロジェクト』（２０１２年度スタート）とも呼ばれている。

東京都によると、都内23区で震災時に特に甚大な被害が予想される木造住宅密集地域は、ＪＲ

山手線から環七通り沿いに約６９００ヘクタール（区部面積の約11％）の広さで、居住人口約１７９万人（区部人口の約20％）にも上る。木造住宅密集地域の防災性向上のため、28区間・25キロメートルの都市計画道路を建設するという。この道路建設のため３５００億円の税金が投入される。

しかし、「特定整備路線の進捗率は3割程度」（東京都建設局）で、目指している２０２０年東京五輪開催までの達成には程遠い状況だ。

「商店街には病院もあり、地域住民にとっては命綱のようなもの。道路ができると、商店街と地域が分断される。とりわけ道路が広くなるので、お年寄りにとっては渡るのにひと苦労です。外出することが少なくなり、孤立化してしまいます。道路にかかるところは、２００～２５０世帯の地権者がいるが、そもそも今回の道路計画は１９４６年に戦後復興のために線を引いたところ。それからもう七十数年経っており、この間に街づくりが進み、住民の生活が営まれてきた。それをいきなり立ち退けなんて土台無茶な話ですよ。道路にかからない商店も幅30メートルの不燃化促進地域に組み込まれ、３階建て以上のものしか建てられない。そんなお金はありません。交通事故から騒音、排気ガスなどいいことは何一つありませんよ」

こう憤慨するのは、東京都北区の『庶民のまち十条を守る会』世話人の1人、伊藤勝さんだ。

埼京線・十条駅西口前にある総延長約８００メートル、およそ２００軒もの商店がひしめき合う十条銀座商店街は、テレビドラマ『孤独のグルメ』でも取り上げられたことがある「東京３大商店街」(他に戸越銀座、砂町銀座)の一つだ。この道路沿い、わずか10メートル離れたところに東京都は「防災」名目で幅20～30メートル、長さ890メートルの補助73号線を建設する。同時に東京都と北区が商店街の入り口、駅前ロータリーのところに40階建て、高さ140メートルのタワーマンションを含めた総工費445億円の駅前再開発計画を進めている。

さらに、埼京線の高架化や十条駅と東十条駅を通っている補助85号線の拡幅工事が行われた場合、立ち退き住民の総数は2100人近くになるとの報道もある。

データ無視で役に立たない整備道路の延焼遮断効果

先の伊藤さんら地元住民や商店主など120人が2017年8月、都の「特定整備路線」補助73号線の建設を認めた国を相手取り、事業計画の取り消し訴訟、そして東京都が認可した十条駅前再開発を進める「市街地再開発組合設立認可処分」の取り消し訴訟を東京地裁に起こした。現在は双方とも係争中だ。

こうした住民訴訟は北区・十条地域を含め都内4路線1地区で起きている。

何が問題なのか。特定整備路線問題に詳しい、東京在住の都市研究家の1人がこう指摘する。

「石原慎太郎都知事の時に東京五輪を口実にして住民の反対で70年間もストップしていた、それこそ〞幻の道路〟を復活させたのです。地震対策でまずやるべきことは、住宅の耐震化です。それをやらず、とにかく道路を造るというのは、景気対策に他ならない。ゼネコンなどが道路建設で儲かるからです。

都は道路の必要性について、地震発生時の火災延焼を防ぐことを挙げていますが、その根拠とされるシミュレーションは、道路に直角に吹く風を想定して作られていますが、東京に吹く風は東京管区気象台のデータでは、東西にほとんど吹かず、冬の北・北北西の風と夏の南風がほとんど。都のシミュレーションは実態とはかけ離れたものなんです。これでは延焼遮断効果に疑問があるということになります。

さらに、シミュレーションでは、20メートル拡幅しても、火災時には突破される延焼遮断帯が数多く存在することが判明しており、特定整備路線が延焼遮断帯として役に立たないものであることが明らかになっています」

そして、こう続ける。

「道路は終戦直後の１９４６年に行われた都市計画決定に基づくとされていますが、根拠となる大臣決定の文書や原図について国や東京都は示すことができず、法律で定められた縦覧も実施されていないなど違法性が指摘されています。だいたい、東京都の土地買収価格は低く、大丈夫といわれて買った土地に工場を造ったところ、対象地域に入っていることが後で分かり、このままでは、工場も家も手放さなければならないと訴えている人もいます。小池都知事は、知事選出馬の際、特定整備路線については〝大胆に見直しを進めていきたい〟と表明しましたが、いまでは建設の旗振りに一生懸命です。住民にすれば、裏切られたという思いです」

筆者が「進捗率3割」の実態を都建設局に問いただした際、工事に着手しているところはわずか3区間で、それも〝不燃化プロジェクトがスタートする2012年度以前に事業化が進められたところ〟と判明した。

東京都の「進捗率」も怪しいものだ。

利権の果てに水没する関西空港

数次の浸水に見舞われている関西空港の現況

「豆腐の上に金塊を置くようなもの」

大阪の地質工学専門の大学教授が建設中（1987年着工）だった関西国際空港の実体をこう指摘したことがある。意味するところは、「豆腐」のように軟らかい地盤に金（きん）のように重い大量の土砂を投入し埋め立てたことから、関空島の地盤沈下は避けられないというもの。金塊にはもう一つ、巨額の建設費がかけられていることも含まれている。

その「豆腐の上に金塊」が現実のものになったのは、2018年9月4日のこと。台風21号による高潮の影響で関西空港の滑走路やターミナル、貨物基地、電源施設などが浸水し、大規模な停電が発生した。揚げ句の果てには、対岸と結ぶ唯一のアクセスである空港連絡橋（全長3・75キロメートル）に強風で流されたタンカーが激突し、橋桁が大きく崩れた。このため8000人が空港島内で孤立し、完全に機能マヒに陥った。

関西空港が浸水したのは今回が初めてではない。

2001年、台風で潮位が上昇、空港島と連絡橋を結ぶ島内道路が長さ200メートル、幅20メートル、深さ0・5メートルにわたって冠水。約4時間、通行止めとなり約3500人が足止めを喰らった。

2004年、同じく台風による高潮と高波で護岸が崩れ、滑走路が浸水した。

今回の台風21号の被害は過去最大規模で、2本ある滑走路のうち第一ターミナル南側にある第一滑走路（全長約3500メートル）が全面的に浸水した。滑走路は海面から高さ5メートルの地点にあるが、最大50センチも冠水。9月30日夜、近畿地方に上陸した台風24号では、同日午前11時から翌10月1日早朝まで関西空港は閉鎖された。

台風21号による滑走路の全面浸水について、「起こるべくして起きた必然的なことです」と語るのは、大阪市議会議員を4期務めた稲森豊氏だ。

大学で建築学を学んだ稲森氏は、空港島建設に関わってきた技術者や土木専門家の諸説を調べる中で、「地盤沈下」が将来、関西空港の「命取り」になりかねない問題をはらんでいると考え、大阪市議会でも再三にわたり追及した。市議会議員を引退した後も含め、今日まで20年間、関西空港の地盤沈下問題を調査・研究してきた人物だ。

すでに平均沈下量を「超過」、まさに〝沈む空港〟

「関空島は今でも年間6センチから7センチ地盤沈下しています。泉州沖5キロメートルの世界初の海上空港で、軟弱地盤の沖積層（厚さ20メートル）の上に建設した。護岸とその内側の埋め立て地の不同沈下を最小限にするため、空港島の全面積515ヘクタール（1期島）にわたってサンドドレーン工法を用いて地盤改良が行われました。沖積層の下は硬くて深い洪積層です。運輸省（現・国土交通省）航空審議会が空港の場所を泉州沖と決めた当時（1974年）は、大阪湾の洪積層は沈下しないというのが通説でした。その厚さは600メートルあると言われていた。そうしたこともあって、地盤沈下はある程度まで進んだら収まるということで、建設が始まったんです。ところが、現在に至っても沈下は止まらず、空港島は沈み続けている」

さらに、稲森氏はこう警鐘を鳴らす。

「関西空港の運営会社『関西エアポート』のホームページなどによると、開港時（1994年）から2017年の24年間で3・88メートルも沈下しているのです。工事開始から開港までの沈下量を合計すると、13・25メートル（17年12月現在）も沈んでいる計算になります。当初、開港後50年で平均沈下量は約11・5メートルと見積もられていましたが、折り返し点ですでに1・75メートルも超過しているのです。この間、護岸のかさ上げなどで対処し、〝50年に一度に相当する高波が来襲しても、滑走路は浸水しない〟と、関西エアポートは胸を張ってきましたが、台風21号はいとも簡単に滑走路を水浸しにしてしまった。それも2～3日間水没したまま。明らかに排水機能が働かない空港になっています。

浸水を免れた2期島（開港２００７年8月、滑走路1本・４０００メートル、空港島面積５４５ヘクタール）の地盤沈下は近年未公表ですが、報道によると開港以来４・１４メートルも沈下しています。関空島は、まさに沈む空港といっても過言ではありません」

9月19日に開かれた大阪市議会都市経済委員会で、台風21号による関空島の浸水と沈下問題を取り上げた小川陽太議員（日本共産党）は大阪市側に次のような質問をした。

「関空の護岸高は低いところで３・４メートルと聞いている。今回の高潮は海水面＋３・２９メートルとされている。なぜ大規模な冠水が起きたのか」

同議員の質問に対し、大阪市都市計画局は「関西エアポートに聞いたが、原因は分からないと言っている」と答弁不能だった。

高潮よりも護岸が高いのに、なぜ浸水したのか不可解極まりない。

「関西エアポート側が護岸の高さをごまかしているのではないか」との話も流れている。筆者も〝根本原因は地盤沈下にあるのではないか〟と考え、9月13日、同エアポートに「沈下について聞きたい」と取材を申し入れたが、「取材拒否ではないが、多忙につき対応できない」と断られた。

平均水深18メートルの1期島の埋め立て土量は、1・8億立方メートルだ。これはエジプト・クフ王のピラミッドの約70基分に相当する。事業費は約1兆5000億円もかかっている。また、平均水深19・5メートルの2期島は、さらに埋め立て土量が多く、2・7億立方メートルで事業費は1期島とほぼ同額だ。

では、止まらない地盤沈下の真相はどこにあるのか。

止まらない関西空港島の地盤沈下原因

なぜ、関西空港島の地盤沈下は止まらないのか。これまで、軟らかい地盤である厚さ20メートルの沖積層の下にある洪積層が硬い地盤なので沈下しないとされてきた。しかし、実際のところ関空島は沈下した。それも下部（洪積層）が沈下しているというのだから、不気味そのものである。

沈下問題については学者・研究者の見解を順次紹介していくとして、そもそも問題になっている洪積層とは、およそ200万年前から1万年前までに堆積した地層で、北京原人やクロマニヨン人が踏みしめていた地層である。

その洪積層は、当初600メートルの厚さとされていたが、2006年の深層ボーリング調査で１３８０メートルもあることが判明した。この洪積層の下が花崗岩でできた岩盤である。洪積層も沈下するということは、極論をいえば、岩盤までの１４００メートルまで沈下する理屈になる。

さすがに、そこまで沈まなくとも関西空港島は完全に水没、海の藻屑となる運命ということになる。

1期島を建設した関西国際空港株式会社（当時）が設置した「空港島の土質に関する技術課題の検討調査委員会」で委員長を務めた地盤工学の権威、赤井浩一・京都大学名誉教授は２０００年3月、関西経済団体連合会の特別講演で次のように指摘している。

「沖積層より深層にある洪積層はまだ楽観できない。実際、洪積層において2次圧密（軟性粘土層が盛土などの荷重を受けて、土と土の間の水が徐々に排水されて堆積が減少することが原因で地盤沈下が起こる）な現象が発生している。具体的には、海底より約１５０メートル以深の〝下部洪積層〟の圧縮を計測してみると、空港島ができてから現在までの間に約1メートル沈下しているのである」

翌２００1年1月に国際高等研究所から発行された赤井名誉教授の著書『「関西空港」建設の事後評価―それは世紀の失敗作なのか―』で、同名誉教授は「現在進行中の沈下は洪積層上部～同下部、さらに基底礫層以深の圧縮が主体。問題は深層圧縮を数十センチしか見込まなかったのに、それが全圧縮量の20％以上にあたる約1メートルを占めることは、かなり深刻に考えなければばならない」と懸念している。

そして、沈下問題について決定的なことをこう断言しているのだ。

「埋め立て荷重が洪積層の個々の圧密降伏応力を凌駕しないことである。それは埋め立て土層の表面の土層が海水面上に出るときに一致する」

我々素人には難解な言い回しだが、要は「沈下は空港島が海抜ゼロメートルまで続く可能性がある」ということである。

将来的には〝海底空港〟の不気味な予感

関空島の沈下問題で赤井名誉教授と同様、「空港島の土質に関する技術課題の検討調査委員会」の委員を務めた大阪市立大学名誉教授の三笠正人氏も、沈下に関してこう不気味な予感を持っていた。
「洪積層は何十年も沈下し続ける。その見通しがなかなか立たないんです。実際には、50年持てばいいというのが今の設計の基本方針になっています」
「長期的には、正規圧密的な沈下挙動を示す公算が大きいのではないでしょうか。今の沈下状況から嫌な予感がするのです」（1996年12月11日に開催された大阪市・海遊館ホールでの『堺、神戸、関空等の埋め立て』に関する講演）
2009年7月3日、2期島を造成した関西国際空港用地造成株式会社は大阪市内で『地盤工学と地質学の融合―関西国際空港の地盤を例として』と題した特別講演会を開催した。

ここで開催の挨拶をした災害科学研究所理事、地盤地質学研究室の中世古幸次郎氏は、「埋立土量は1期島が1億8000万立方メートルに対し、2期島が2億7000万立方メートルで、合算すると4億5000万立方メートルになる。1立方メートルあたり平均50トンもの埋立荷重が作用するのであるから、沈下しないはずがない。この沈下がどの程度発生するか、ということが最大の課題」

とした上で、「将来は海底空港？　などと妙な想像はしない方が賢明であろう」などと、冗談とも本音とも受けとれる発言をしている。

また、運輸省（現・国土交通省）の港湾技術研究所発行の『港湾技術研究所報告』（1998年6月号）で、渡部要一氏・土田孝氏・足立格一郎氏の共同発表論文は「大深度の大阪湾洪積粘土は、弾性的な変形から急激に破壊へ移行する脆性的な粘土である」「特にせん断時、要素は一様に変形せず、明瞭なすべり線を伴って破壊する」としている。

関空島に留まらず、大阪湾全体の人工島への警告とも受け止めることができる衝撃的なレポートである。

関西空港が浸水してから1ヵ月後の10月3日、運営会社の関西エアポートは浸水対策などを検討する第三者委員会を発足させ、月内に中間報告をまとめるという。前述の『数次の浸水に見舞われている関西空港の現況』で登場していただいた元大阪市議会議員で在野の研究者である稲森豊氏は、最後にこう訴えている。

「いたずらに騒ぎたてるのではなく、関係者が率直に関西空港建設の現実を直視し、これ以上無理な空港運営の拡張を改めるよう方針転換することが必要です。この機会に関空の真実が明らかになることを切に願っています」

ここで、今日までの関西空港の変遷について素描しておきたい。

関西空港の成り立ち・経緯からの複雑な権利関係

台風21号で大きな被害を受けた関西国際空港。運営会社の関西エアポートは10月3日、どのようにして浸水したのかを検証するため第三者委員会を発足させたが、実は、復旧や対策に対する費用を誰が負担するのか決まっていないのだ。

背景にあるのは、関西空港の複雑な権利関係。そこで関西空港の成り立ちと経緯をまとめておきたい。

関西空港は、空港整備法で国が設置・管理する第一種空港でありながら成田空港や羽田空港と異なり、中曽根康弘政権時代の1986年に制定された「民間活力の導入」(民活法)方針で、国と自治体、民間(財界)が出資した第三セクター「関西国際空港株式会社」が建設し運営する「民活」第一号空港としてスタートした。

1994年開港時から関空の課題は、経営と地盤沈下の2つが指摘されてきた。事実、巨額の費用を投じたことで金利負担が経営を圧迫。10年間は赤字が続き、累積損失が約２０００億円に達したため、政府は利子補給金として毎年90億円を投入、その結果、開港11年目で初めて黒字化した。

２００７年に開港した２期島は、関西空港の延命策というのが定説である。２期島開港にあたり関空会社は２００８年度の発着回数を年間13万５０００回と公約したが、下方修正。原油高や景気後退で航空各社の関空発着路線の大幅な見直しが要因で、２０１２年の竣工前に一部運用が開始されていた２期島関連の０９年度建設費の概算要求も『公約』を果たせなかったことから政府は見送った。

関空離れは異常に高い着陸料も原因だった。関西空港は羽田空港に次いで世界で２番目に高かった（２０１０年３月時点）。

関西空港救済のための伊丹空港（大阪国際空港）廃止論が出始めたのが２００８年２月、大阪府知事に橋下徹前大阪市長が当選してからだ。同年７月末、橋下府知事は唐突に「廃止を含めて検討する」とし、同年９月上旬にも「伊丹が邪魔」と発言した。

橋下府知事の伊丹空港廃止論は、大阪国際空港周辺都市対策協議会（11市協）の猛反発を食らい、結局、半年後に撤回された。

ところが、２００９年になって橋下府知事は再び「伊丹空港廃止」を声高に主張。背景には１株５万円で発行された株価が１円になるなど、業績が回復せず、ついには１兆２０００億円もの負債を抱えるなど先行きが不透明になったことがある。

起死回生策として、伊丹空港の国際線を廃止し、関西空港に集中させることで収益の改善を図ることを目的とした法律が2011年に成立。翌12年4月、政府全額出資で新しい運営会社の新関西国際空港会社が設立された。

橋下徹前大阪市長

同社はすぐに両空港の運営権を民間に売却することで関空が抱えていた1兆2000億円の負債を解消する計画を立てた。同年7月、新関西国際空港会社のもと関西国際空港と伊丹空港の経営が統合された。
1兆2000億円負債のうち、約4000億円が新関西国際空港会社に引き継がれ、残りの8000億円は、関西空港土地保有会社（旧関西国際空港会社）が引き受け、新関西国際空港会社へ空港の土地を貸与し、その賃貸料で負債を返済するというのである。

関空開港以来「最大の危機」を迎えている！

さらに、2016年4月から関西空港の運営は現在の関西エアポートが担うことになった。新関西国際空港会社は、12年10月、関西国際空港と伊丹空港の運営権を日本初となるコンセッション方式（運営権を得た業者は発注者に収入の一定割合を支払い、施設の事業運営を行うこと）で行うことを決め、2015年、応募のあった3者の中からオリックス、ヴァンシ・エアポートコンソーシアムを優先交渉権者に選定。

同年11月、運営権の売却を締結し、12月、両社は折半で出資した関西エアポートを設立した。その後、第三者割当増資で阪急阪神ホールディングスや南海電鉄、パナソニック、りそな銀行など26社が出資。２０１６年４月、関西エアポートは新関西国際空港から運営権を引き継ぎ、２０６０年３月までの44年間、関西空港と伊丹空港の運営を一体で行うことになった。

つまり、関西国際空港は、関西空港土地保有会社が新関西国際空港会社に賃貸し、空港の運営権は期限付きで民間に売却するといった複雑な権利関係の上に成り立っているのだ。

折からのインバウンドブームで、２０１７年度の関空旅客数は２８８０万人を超えた。国際線だけを見ると成田に次ぐ第2位で、文字通り西日本の空の玄関口である。だが、先の台風21号のような被害が繰り返されると、国際的信用をなくしてしまう極めて不安定な空港なのだ。

大阪府の松井一郎府知事は２０１８年9月19日の記者会見で「以前、知事は橋下前知事の時代から伊丹廃止を主張していたが、廃止の考えは改めたということか」と問われ、「もう改めていますよ。土地建物の会社、関空会社が一つになった時点で廃止は考えていません」と答えた。目先の損得勘定だけで府民や近隣府県を振り回してきた「伊丹空港廃止論」は、今回の台風で完全に破たんしたといえる。

関西国際空港（二期地区）地盤挙動調査委員会のメンバーを務めた軽部大蔵・神戸大学名誉教授（故人）は、かつてこう警告していた。「現在の埋立技術の水準からすれば……無理をすれば必ずその咎めは国民全体に降りかかってくる」(『幻想の巨大開発―関西新空港―』1981年7月刊、汐文社)。

筆者自身、関空の取材を始めて45年になる。開港以来、最大の危機に瀕していることを実感している。

前のめりの大阪カジノ誘致の思惑

大甘の「規制」はじめ種々の懸念下に成立急ぎ強行採決

2018年7月20日、カジノを含む統合型リゾート(IR)実施法案が、与党や日本維新の会など推進派の賛成多数で参院本会議において可決・成立した。カジノについては依存症や地域経済破壊など国民の反対が強い中、なぜ成立を急いだのか。その背景には、アメリカのトランプ大統領の圧力を指摘する声もある。

刑法が禁じる賭博場・カジノの解禁を具体化するカジノ実施法案が閣議決定されたのは4月27

日。政府の「特定複合観光施設区域整備推進本部」本部長でもある安倍晋三首相は、閣議決定にあたり「世界最高水準のカジノ規制」と題目を挙げたが、その実、大甘の「規制」なのだ。例えば、

▼日本人のカジノ抑制策として、入場料は東京ディズニーランド（7400円）より安い6000円に設定

▼入場回数の「制限」も週3回、月10回と、事実上入り浸りを容認

▼3ヵ所とされたカジノ場は最初の認定から7年後に見直す

など、野放図な拡大に道を開くものだ。

閣議決定のあった4月27日と翌28日、大阪で国内初のIR展示会が開かれ、世界のカジノ大手6社が出展、大阪府と大阪市は、合同で推進している大阪市のごみ処分場・夢洲（ゆめしま）へのIR進出をアピールした。

この日出展した大手6社は、ラスベガス・サンズ（米国）、ゲンティン・シンガポール（シンガポール）、シーザーズ・エンターテインメント（米国）、メルコリゾーツ&エンターテインメント（香港）、ギャラクシー・エンターテインメント・グループ（香港）、MGMリゾーツ・インターナショナル（米国）。大阪IRは2025年誘致を目指す大阪万博と一体となって取り組まれ、同万博の1年前の2024年にIRを開業するとしている。

「夢洲まちづくり構想」によると、第一期エリア（70ヘクタール）の集客人口は年1500万人。

建設投資額は４３００億円。経済波及効果は建設投資で７６００億円、運営で年６９００億円、雇用創出効果は建設投資で５・１万人、運営で年８・３万人を見込んでいる。ＩＲは設置業者の負担だが、大阪の場合、開業までにごみだけでは埋め立てに間に合わないため、土砂も新たに購入するとともに、鉄道・道路などのアクセスの整備が必要となる。それだけ誘致自治体の負担は莫大なものになる。

「大阪カジノ」に1兆円投資を表明する海外カジノ大手6社

『日本経済新聞』（２０１８年４月28日付）が行った4月27日に出展したカジノ大手6社へのアンケート調査によると、６社とも投資規模を１兆円としている。「ＩＲのアクセスに必要とされる地下鉄延伸に20億円出してもいいと言う企業もあって驚いた」（展示会を取材した記者）というほど、大阪でのカジノ開業は海外業者にうま味があるということだ。

これまで誘致に手を挙げているのは、大阪市の夢洲をはじめ、北海道釧路市、苫小牧市、留寿都村、愛知県常滑市（中部空港島）、和歌山市・和歌山マリーナシティ、長崎県佐世保市・ハウステンボス。当然、施設建設やＩＲ事業への参入、さらにアクセスなど巨額なカネが動くため、水面下で利権争いが始まっている。

４月27日の展示会には、防犯企業やＩＲ推進の宣伝部隊の役割を担っている大阪商業大学などのブースも出ていた。

この日、就任以来、カジノ推進の旗振り役をしてきた橋下徹前大阪市長や松井一郎大阪府知事、吉村洋文大阪市長らが挨拶。橋下前市長は、ＩＲが実はカジノ＝博打場がメインであることを隠さんがために、松井府知事のイメージを引き合いに出してこう語った。

「松井さんが前面に出ると、統合型リゾートのイメージも悪くなる。どう考えても腹巻きした人がサイコロ振ってる、あのイメージになる。僕は番組で言ったんです。〝丁半博打〟じゃないですよ、〝手本引〟じゃないですよと。松井さんは前面に出ないほうがいい。吉村さんに出てもらうほうがいい。さわやかなイメージの吉村さんを前面に出して、松井さんは政治力、中央政府との裏交渉をやってもらい……。イメージが重要なんで、松井さんをあまり出さないでください」

そして、松井府知事も、ＩＲの本体がカジノであることを否定するため、こう必死で弁明した。

「とにかく、ほとんどのメディアがネガティブしか言いません。〝ＩＲはカジノだ、バクチ場を造るのか、松井はとんでもないやつだ〟と今でもデモされています。要は、ＩＲはエンターテインメントの拠点であって、カジノだけある施設じゃないことをメディアの皆さんに伝えてもらいたい」

松井一郎大阪府知事

そして、吉村市長は「世界ではここにしかないもの、本当に突き抜けたＩＲを期待したい。そういう思いを込めて僕はネクタイを金色で来ました。それくらいド派手な感じでやってもらいたい」と、橋下、松井両氏が博打場隠しに懸命になっているのとは正反対に、ＩＲをピーアールした。

米国のラスベガス・サンズ会長のシェルドン・アデルソン氏がトランプ大統領就任式に5億円寄付したことは有名。当初、米朝首脳会談場所として同氏が経営する『マリーナベイ・サンズ』（シンガポール）と報じられたのも、両氏の関係からとされていた。

イスラエルの米大使館をテルアビブからエルサレムに移転したことも同会長の意向に沿ったものとされる。同会長は２０１７年９月、松井府知事、吉村市長と非公式で会談している。

大阪にはＭＧＭリゾーツに続いて、２０１８年４月、メルコリゾーツも事務所を開設。巨額利権獲得へ暗闘は始まっている。

「危険な〝夢洲〟」で大阪万博、ＩＲ・カジノ

災害復旧より万博などが優先の動向

２０２５年万博の開催地を決めるＢＩＥ（博覧会国際事務局）総会が２０１８年11月23日にパ

リで開かれ、加盟国（１７０カ国）の投票で大阪が他の2都市、エカテリンブルク（ロシア）、バクー（アゼルバイジャン）をやぶって開催地になった。

２０１８年9月4日に近畿地方を襲った台風21号は、関西国際空港の浸水、沿岸部や大阪府内各地の強風と高潮での大停電、建物損壊や死傷者を出すなど甚大な被害をもたらした。懸命な復旧作業が続いている最中の翌5日、大阪府民から「関西空港が冠水……『夢洲（ゆめしま）』も同様。なんでこんなところで万博・カジノなのか」との指摘に対し、松井一郎知事は大人げない反論をした。

〈夢洲は関空より地盤が高く問題ありません。今後の対策と復旧も災害直後から実施しています。風評被害となる邪魔は慎んでください〉

揚げ句、災害対策本部を立ち上げないまま、7日、8日は知事日程を「出席行事なし」にしてこっそり沖縄へ。なんと、自ら代表を務める日本維新の会や自民党、公明党が推薦する知事選候補に推薦状を渡し、選挙応援に走り回っていたことが判明したのだ。

9日に〈明日から万博誘致活動でハンガリー・ポーランド・イタリアに出張します。災害を克服し大阪を成長させるために大阪万博実現に全力で取り組みます〉とツイートしたことから、〈災害復旧より選挙優先。あんたどこで何してんの？　知事やのにどうなってるか、わかってないの？　まだ大阪府で4万８０００軒も停電中やで？　大雨警報まで出てんで？〉〈万博やカジノと浮かれる前に、災害に強い大阪づくりが最優先〉と非難ごうごうのツイートが飛び交った。

非難をよそに、当の松井知事は9月10日、1週間の日程で欧州での万博誘致活動のため中部空港から旅立った。出発の際、記者団に「タンカーの衝突さえなければよかった。関空がいまの状況に至っているのは人災」と八つ当たり。２０２５年万博会場である人工島『夢洲』については、「（台風21号の影響は）全く大丈夫。夢洲は関空より地盤が高いし、夢洲へのラインは2系統ある。関空は今回のことを受けて防災機能化に疑問符がつくということにはならない」と改めて安全性を強調した。

台風21号で夢洲は本当に大丈夫だったのか。

大阪市港湾局が大阪市会に提出した9月10日時点の大阪港被害状況によると、夢洲だけでも護岸ブロックが破損したり、護岸背後の盛土の法面洗掘（のりめんせんくつ）が起こっている。コンテナターミナルで破損、夢洲道路ではコンテナが飛散している。

南海トラフ大地震で液状化の夢洲の不安

松井知事は災害対策の陣頭指揮を執る立場にあった。にもかかわらず、「全く大丈夫」とはよく言えたものだ。府民がツイッターで指摘した通り、松井知事は状況を全く把握せず、いや、知ろうともしなかったのではないか。

そこで万博会場、ＩＲ・カジノの候補地になっている夢洲の防災問題について本当に大丈夫なのか検証してみよう。

夢洲は大阪北港の一角を占める人工島で総面積３９０ヘクタール。２００８年大阪五輪招致で選手村の予定地になっていたところだ。すでにPCBやダイオキシン、福島第一原発事故に伴う放射線ガレキなどの最終処分場、コンテナターミナル、メガソーラなどに使われている。真ん中部分は「夢洲まちづくり」ゾーンと位置づけ、第1期／IR・カジノ（70ヘクタール）、第2期／大阪万博（60ヘクタール）の予定地にしている。

このうち1300億円を投じる大阪万博は、2025年5月3日から11月3日までの185日間開催され、入場者想定は約2800万人。一方、IR・カジノは2024年までに開業予定で、大阪府は1年間に外国人観光客700万人、日本人客1500万人の計2200万人が訪れる想定をしている。

経済効果は1兆3300億円と試算。カジノやホテル運営で年6300億円の効果が得られ、府の税収は2500億円に上る。年間7万人の雇用も創出すると見込んでいる。

カジノと万博は一体のものだが、埋め立てや基盤整備、鉄道など巨額の税金投入が必要だ。それ以前に、先の台風で浸水した関空同様、地盤は大丈夫なのか。

万博、IR・カジノ予定地とも、浚渫（しゅんせつ）土砂と建設残土で埋め立てられているが、大阪府万博誘致推進室、IR推進局、さらに埋め立て事業を行う大阪市港湾局が口を揃えて「大阪湾の土砂は粘質性が高く液状化しにくい」と断言する。

だが、東京・豊洲市場の土壌に詳しい一級建築士の水谷和子氏はこう否定する。

「浚渫土砂はヘドロで液状化しやすい。東日本大震災で豊洲地区は大規模に液状化した。千葉県浦安市の埋め立て地でも、ポートアイランドでも液状化が起こりました」

実際、30年以内に70％の確率で発生するといわれる南海トラフ地震で大阪府は、ＩＲ・カジノ用地の中心部で液状化が起きると予想している。さらに、万博が「埋め立て途中」（大阪市港湾局）で開催され、終わり次第、再び埋め立てが行われることについて、水谷氏は驚く。

「そんなぶよぶよの土地に建物を建てるなんて信じられません。埋め立ては、余盛といって沈下することを前提にした盛土を行い、２年間経過を見て本格的に埋め立て工事をするんです」

この９月、業者が大阪市発注工事の書類を偽造、長年にわたって夢洲に産廃物を不法投棄していたことが発覚した。こんな恐ろしいところで〝カジノだ〟〝万博だ〟と浮かれているのだ。

なぜ大阪府知事・市長、関西財界は万博誘致に執心か

２０１８年11月23日にパリで開かれた２０２５年万博の開催地を決めるＢＩＥ（博覧会国際事務局）総会で、大阪が開催地になったが、府民の盛り上がりはいま一つ。誘致活動の最中の１８年、６月の大阪北部地震、９月上旬に襲った台風21号の被害復旧がままならぬうちに、吉村洋文大阪市長は10月８日から13日までパリで開かれたフォーラムで各国首脳に誘致活動をした。さらに「被災地ほっぽり出し」と非難された大阪府の松井一郎知事は性懲りもなく、10月29日から11月３日までの日程でマレーシア、パキスタンなどを訪問し、これまた誘致に狂奔した。

なぜ、松井知事や吉村市長、関西財界は万博誘致に執念を燃やしたのか。理由は簡単だ。万博

という府民や国民が反対しづらいイベントを全面に押し出し、その陰で国民的にも反対の声が大きいカジノ（ＩＲ）を一気に設置しようとする魂胆があったからだ。

当然、万博開催には双方の会場となる大阪湾の人工島『夢洲』の早急な埋め立てや鉄道などのインフラ設備で莫大な費用がかかる。それを「万博」開催名目でやってしまい、そのまま「カジノ」に引き継ぐという目論見である。予定では万博よりカジノの方が設置は早い。万博準備をやっているものと思ったら、知らぬ間にカジノの方が先に開場していたというわけである。

そんな誤魔化しの「万博・カジノ」に一石を投じたのが、災害地質学専門の田結庄良昭（たいのしょうよしあき）・神戸大学名誉教授の警告だ。

今から2年半前の２０１６年10月12日、『カジノ問題を考える大阪ネットワーク』が主催した「〝万博〟にまぎれて夢洲で賭博？」と題するシンポジウム（大阪市内）で、同名誉教授は「夢洲開発は危険でムダ――南海トラフ巨大地震による夢洲での予想される被害」について講演しているのだ。

吉村洋文大阪市長

南海トラフ地震とは、フィリピン海プレートが日本列島の下に潜り込んで歪みが留まり、それが跳ね返って起こる地震。大津波も発生し、波長は約１００キロメートル。沿岸部でも津波は自動車並みの速度となる。エネルギーも大きいため、容易に陸上を遡上（そじょう）、その高さは海岸付近の津波より１・５倍以上も高くなるという。

南海トラフで大阪湾沿岸に甚大被害が……

2013年8月、大阪府は防潮堤の沈下や河川への遡上を考慮した津波浸水想定を公表した。それによると、夢洲の北西1区、3区の護岸付近では1～2メートルか0・3～1・0メートルの浸水を想定。津波は夢洲付近（深さ10メートル）で秒速5・5メートルと極めて速い。しかも、波長は約100キロメートルもあり、これが防波堤にぶつかると、津波の高さは急激に高くなり防波堤を超える可能性があるのだ。

超えた津波は防波堤に流れ落ち、根元を浸食し倒壊させる。それにとどまらず、夢洲北西部の1区、3区から浸水した津波は陸上を遡上する。阪神・淡路大震災では、地盤の液状化で六甲アイランドでは3メートルも護岸が沈下。もし夢洲で護岸が3メートル沈下すると、南海トラフ地震の津波で大規模浸水被害をもたらすのだ。

実は、護岸の沈下は阪神・淡路大震災や東日本大震災でも起きている。当然、南海トラフ地震でも想定されているが、夢洲では護岸の鋼管打ち込みやアンカー工法、さらにサンドコンパクションエ法など、液状化による側方流動対策工事が必要だが、それらが行われているとの報告はない。

南海トラフ地震が発生した場合、夢洲は震度5強から震度6弱の揺れを生じる。しかも、3分間以上の長時間揺れ続ける。大阪市や大阪府の多くの表層部地盤は6400万年前の軟弱な沖積層からなり、さらにその上を浚渫土を中心にした軟弱な盛土からなっている。震度6弱で収まるのか不透明なうえ、盛土と沖積層は軟弱なため地震動を増幅させる。夢洲はボーリング調査から沖積粘土層が30メートルもの厚さで分布、激しく揺れるため建築物の多くは倒壊する恐れがあるのだ。

夢洲は液状化マップでは、なぜか白く塗られ液状化しないことになっている（南海トラフ地震の予測では、カジノ予定地が液状化することになっている）。万博開催予定地は、浚渫土砂なので粘性土が中心だが、残土が用いられるため液状化を起こしてもおかしくない。

神戸市も液状化しないと豪語してきたが、ポートアイランドでは実際に液状化を起こした。大阪府も夢洲は液状化しないと説明しているが、同じ埋め立て地の咲洲（さきしま）や舞洲（まいしま）は、広く液状化することが報告されている。

盛土だけではない。自然地盤である沖積層も液状化しやすいのに、この問題は全く想定されていないのだ。

南海トラフ地震では、周期数秒の長周期地震が必ず発生する。東日本大震災では、震度3で大阪府咲洲庁舎が左右6秒の周期で3メートル、10分以上も揺れ大きく損傷した。前述したように、夢洲の地下には厚さ30メートルの軟弱な沖積粘土層が分布し、地盤の揺れと建物の揺れが共振現象を起こすことも避けられない。

大阪府沿岸部には、コンテナや石油タンクが多数存在する。南海トラフ地震では北港地域のタンクが損傷し2・2万トン、大阪湾全体では4・4万トンの油が流出。引火すれば、大火災を引き起こすのは目に見えている。

「(夢洲は) 関空より地盤が高く問題ありません」

そう言い放って誘致活動に旅立った松井知事や吉村市長は、災害のことなど全く頭にないのではないか。次により詳しく、金食い虫の万博&カジノを考えてみる。

肝心の大阪経済に寄与しないIR・カジノ、万博

2025年大阪万博を隠れ蓑にして、府と市が誘致に血眼(ちまなこ)になっているIR・カジノ。世論調査では、大阪府民の多数が反対している。ギャンブル依存症などの弊害が大きいからだ。

これまでIR・カジノと万博会場になる『夢洲』が災害に弱いなど立地上の問題点を指摘してきたが、大阪の経済はよくなるのか。

IR・カジノに関しては内外の観光客計2200万人のうち、実に7割の1500万人が日本人客を予定するなど外資系カジノ事業者のターゲットは完全に日本市場になっている。つまり、利益は本国に持っていかれるだけで、損をするのは大阪周辺の一般市民だ。

カネを吸い取られるだけではない。ギャンブル依存症患者の増加で一般家庭の崩壊が加速するのは必至だ。万博にしても、高度経済成長期の1970年大阪万博開催時のように、「夢や希望」を与えることができないのは、誰もが分かっていること。1250億円(国、経済界、地元

自治体で3分の1ずつ負担）ものカネを投じる今回の万博テーマは「いのち輝く未来社会のデザイン」とあるが、およそ「未来」など描けない陳腐なものなのだ。

ＩＲ・カジノにしろ万博にしろ、夢洲で開催・設置するには巨額の資金を投じて埋め立てなどの基盤整備が必要だ。そのカネの出どころは、大阪市の「埋立会計」。要は、市民の税金なのである。

大阪府・大阪市が２０１９年2月14日に発表した新年度当初分予算案によると、夢洲整備のインフラ整備費は計９３０億円。南隣の人工島・咲洲からの地下鉄延伸費５４１億円のほか、万博会場埋め立て１３６億円、上下水道の整備１３２億円などだ。うち、地下鉄延伸費について、ＩＲ事業者に２０２億円の負担を求めると見積もっている。

事業者負担を除いてもインフラ整備に７２８億円もの支出が必要になる。そのカネは基本的に、前述した大阪市の埋立会計が負担する。その埋立会計の実情はというと、２０１７年度末企業債残高（借金）が１２４３億円にも上るなど台所は火の車なのだ。

加えて、ここ数年の「第三セクター等改革推進債」（三セク債）を含めて毎年70億円から１００億円の償還が必要で、その上に５００億円を超える負担がかぶさってくる。

火の車の埋立会計、とりわけ毎年起債償還のため大阪市が懸命になっているのが、人工島『咲洲コスモスクエア』の用地売却だ。バブル絶頂期の１９８８年、大阪市はニューヨークの港湾ウオーターフロント計画を手本に、総事業費２兆２０００億円の「テクノポート大阪計画」を策定した。

失敗続きだった大阪湾開発の黒歴史

大阪港に3つの人工島、舞洲、夢洲、そして咲洲の計775ヘクタールの人工島を造成。それらを橋や地下鉄で結び、情報や金融・貿易などの先端産業を呼び込む臨海副都心を建設する構想を描いたが、咲洲にはぺんぺん草が生えるなど破たん。当時の磯村隆文大阪市長は2002年に「財政非常事態」宣言し、大阪市の借金は06年度末で5兆5000億円、市民1人当たり210万円もの借金を抱えることになった。

負債の主たる原因は先の「テクノポート大阪計画」だった。中でも象徴的なものが、1995年に竣工した咲洲コスモスクエアの地上256メートル、55階建ての超高層ビル『大阪ワールドトレードセンタービルディング』(WTC)の経営破たんである。

第三セクター方式で総事業費は1193億円。開業翌年で累積赤字114億円を計上、早々と債務超過に陥り、テナントだった大手企業が次々撤退。2002年度決算では債務超過が236億6000万円にのぼり、03年6月破たん。金融機関に債務免除を求める特定調停を裁判所に提出した。

失敗した湾岸開発を復活させるため、舞洲にスタジアム、夢洲に選手村を建設するとした2008年大阪五輪誘致に立候補したが、落選したこともある。

関淳一大阪市長時代になると、空き室に大阪市役所の各部局を入居させ、家賃・共益費を同市が負担、第2庁舎と化した。そして橋下徹前大阪市長が２００８年に府知事就任後、「咲洲は東洋の宝石箱」などと妄言を吐いて85億円で大阪市から買収。今度は大阪府庁の第2庁舎となり、「ＷＴＣ」も「大阪府咲洲庁舎」と名称が変わった。それでも空き室が多いため、民間ホテルを誘致し、２０１８年12月完成。１９年1月から一部開業している。

咲洲開発の経緯を長々と書いたのは、大阪湾岸開発が失敗の繰り返しだからである。

ＩＲ・カジノ誘致で大阪市は必要な鉄道建設のうち、埋め立て事業の開発者負担分２０２億円を、ＩＲ事業者に肩代わりさせる考えだが、このうち40億円は鉄道事業者に対する出資だ。まさにカジノのためにある鉄道事業ということ。裏を返せば、ＩＲ事業者は２０２億円を負担してでも莫大な利益を手にすることができると見込んでいるのだ。大阪メトロは、１０００億円かけて55階建て、２５０メートル超の「夢洲駅タワービル」の建設を発表している。

ＩＲ・カジノの埋め立て地は70ヘクタールでＩＲ・マリーナベイ（シンガポール）の2倍以上の広さで、世界最大規模のカジノになる。しかし、「70ヘクタールすべてを事業者が買い取るのは難しい」（カジノ問題研究者）と見られており、埋め立て事業としては大変なリスクを抱えることになる。急いで造成し、わずか半年間しか使われない万博60ヘクタールの跡地も、計画はいまだ定まっていない。

官民（財界）挙げて、やれ〝万博だ〟〝カジノだ〟と大騒ぎし、メディアもその言い分をタレ流すだけ。完全にチェック機能を失っている。

２０１８年10月25日、大阪市の吉村洋文市長は大阪市議会本会議で、「（ＩＲ誘致で）大阪経済が活性化し、税収が増えれば災害対策に回せる」と強弁したが、本末転倒も甚だしいところである。

本稿の追加・訂正記事を書いている最中に、松井一郎大阪府知事・吉村洋文大阪市長が任期途中で辞職し、急遽、ダブル選（４月７日投開票）になった。それも松井前知事が大阪市長選に、吉村前市長が知事選出馬という異例の「クロス選」になった。ダブル選は「大阪都構想」を目指す維新と同構想に反対する反維新のたたかい。反維新は小西禎一・元副知事、市長選に柳本顕・元大阪市議（いずれも自公推薦）を擁立した。

著者略歴

一ノ宮美成

一九四九年、大分県に生まれる。同志社大学文学部を卒業し、新聞記者を経てフリージャーナリストに。著書には『京に蠢く懲りない面々』（かもがわ出版）などの「蠢く」シリーズ、『闇の帝王〈許永中〉』『同和利権の真相①〜④』（以上、宝島社文庫）、『京都と闇社会』『大阪と闇社会』（以上、宝島SUGOI文庫）、『京都に蠢く懲りない面々』（講談社+α文庫）、『大阪・役人天国の果てなき闇』（講談社）、『山口組分裂の真相』（宝島社）などがある。

グループ・K21

関西のフリージャーナリスト集団。『関西に蠢く懲りない面々』（かもがわ出版）でデビュー。

黒いカネを貪る面々
——平成闇の事件史

二〇一九年四月七日　第一刷発行

著者　一ノ宮美成＋グループ・K21

発行者　古屋信吾

発行所　株式会社さくら舎　http://www.sakurasha.com
東京都千代田区富士見一-二-一一　〒一〇二-〇〇七一
電話　営業　〇三-五二一一-六五三三　ＦＡＸ　〇三-五二一一-六四八一
編集　〇三-五二一一-六四八〇　振替　〇〇一九〇-八-四〇二〇六〇

装丁　アルビレオ

印刷・製本　中央精版印刷株式会社

ISBN978-4-86581-193-3